이 책에 쏟아진 찬사

● 재정적 자유를 추구하는 사람들을 위한 충고가 난무하는 시대다. 하지만 이런 충고 대부분은 "열심히 저축하라", "열심히 일하라", "복리의 마법을 믿어라"와 같은 진부한 내용뿐이다. 경제 환경은 이전과 완연히 달라졌는데, 자산 축적의 비법은 정말 하나도 바뀌지 않았을까? 이 책은 변화된 경제 환경 속에서 자산 축적 방식도 변해야 한다고 말한다. 복리는 부자들만의 투자 전략이며, 열심히 저축해 봐야 결국 더 가난해지고, 원금 보장마저 안전한 게 아니라고 설명한다. 더 이상 진부한 자산 축적 전략에 속고 싶지 않은 독자들에게 이 책을 권하고 싶다.

— 박정호, 명지대 테크노아트대학원 실물투자분석학과 교수

● 우리가 알고 있는 돈의 개념은 1971년을 기준으로 완전히 달라졌다. 그리고 돈으로 표현되는 세상의 모습도 달라졌다. 이 사실을 이해하는 것이 모든 것의 시작인데, 이 책에서는 그 사실을 매우 정교하고 친절하게 설명해준다. 나는 재정적 자유를 '돈 때문에 하기 싫은 일을 하지 않아도 되고, 돈 때문에 하고 싶은 일을 못하지도 않는 상태'라고 정의한다. 모두가 원하는 그 상태가 되기 위해서는 돈을 제대로 이해하는 것이 시작이다. 이 책은 거기서 멈추지 않고, 누구나 자신의 상황에 맞게 적용할 수 있는 매우 구체적이고 현실적인 방법론을 제시한다. 그렇기에 이 책은 단순한 금융서가 아니라, 진정한 의미의 삶에 대한 전략서다. 돈에 대한 착각에서 벗어나 완전한 자유를 얻고 싶은 모든 이들에게 추천한다.

— 이효석, 에이치에스아카데미 대표, 유튜브 '이효석아카데미' 운영자

● 교과서 같던 기존 금융서들의 통념을 뒤튼다. 뒤틀다 보니 틈새가 보인다. 그 틈새로 보이는 조언은 매우 현실적이다. 어설프게 들었던 투자 지식, 막연히 당연하다고 여겼던 믿음을 새롭게 점검해준다. 돈과 삶을 다르게 보는 눈을 이 책이 길러줄 것이다.

— 이대호, 와이스트릿 대표, KBS1라디오 〈성공예감 이대호입니다〉 진행자

● 이 책은 돈에 대해 흔히 갖는 오해를 바로잡는 데 그치지 않고 진정한 부를 쌓는 방법을 알려준다. 행운도, 유산도, 천재적인 사업 감각도 필요 없다. 이 책은 당신의 재정 상태를 완전히 바꿔놓을 훌륭한 길잡이가 될 것이다.
　　　　　　　　　　　　　　　　　　—제이크 험프리Jake Humphrey, 《고수익High Performance》 저자

● 걸작이다. 나는 전통적인 재테크 조언이 완벽하게 통했던 시절을 목격했다. 다만 1958년에 태어나 1971년에 그 조언을 따르기 시작한 사람에게만 해당된다. 이제 세상이 변했다. 우리 아이들이 반드시 읽어야 할 책이다.
　　　　　　　　　　　—로리 서덜랜드Rory Sutherland, 《잘 팔리는 마법은 어떻게 일어날까?》 저자

● 흥미진진하고 유익하며, 누구나 쉽게 읽을 수 있다. 그동안 돈과 투자에 대해 당연하게 여겼던 것들을 다시 돌아보고 고민하며 새로운 시각에서 바라보게 만든다.
　　　　　　　　　　—잭 미닝Jack Meaning, 《투자하기 전 경제를 공부합니다》 공저자

● 타고난 스토리텔러가 펼쳐내는 현대 자산관리의 생생한 통찰과 놀라운 금융 예측들이 가득하다.
　　　　　　　　　　　　　　　　　　　—클레어 배럿Claer Barrett, 《돈에 대해 알려주지 않는 것들What They Don't Teach You About Money》 저자

● 이 시대에 매우 중요한 책! 수백만 명이 빈곤한 미래를 향해 몽유병자처럼 걸어가고 있다. 이 책은 그 운명에서 당신을 구할 것이다.
　　　　　　　　　—앤드루 크레이그Andrew Craig, 《세상을 소유하는 법How To Own The World》 저자

돈에 관한 7가지 착각

SEVEN MYTHS ABOUT MONEY:
And the Truth About Finding Financial Freedom
by Rob Dix

Copyright © 2025 by Rob Dix
All right reserved.

Korean translation copyright © 2025 by Influential, Inc.
Korean language edition published in arrangement with Rachel Mills Literary Ltd through Shinwon Agency Co., Ltd.

이 책의 한국어판 저작권은 신원에이전시를 통해
저작권자와 독점 계약한 ㈜인플루엔셜에 있습니다.
저작권법에 의해 국내에서 보호를 받는 저작물이므로 무단 전재와 무단 복제를 금합니다.

지금까지의 공식 따윈 버리고,
새로운 부의 전략을 세워라!

Seven Myths About Money

롭 딕스 지음
송이루 옮김

돈에 관한 7가지 착각

INFLUENTIAL
인플루엔셜

지금까지 돈에 대해 알고 있던 모든 것이

사실이 아니라면?

프롤로그

새로운 게임, 새로운 규칙

실감하지 못할 수 있지만, 우리는 지금 인류 역사상 가장 위대한 시대를 살아가는 행운을 누리고 있다.

약 30만 년 전 현생 인류가 처음 등장해 진화를 시작한 이래, 불과 몇 세기 전까지만 해도 인류에게 살아남는 것은 그 자체로 우수한 성과라고 여겨졌다. 어린 시절부터 노년에 이르기까지 매일같이 고된 노동을 하면서도 기근이나 전염병, 전쟁 같은 재앙에 목숨을 잃지 않고 살아남았다면 세상의 승자 중 한 명이었을 것이다. 자녀 중 절반 이상이 부모보다 오래 살았다면 그것만으로도 축복받은 삶이라 여겼을 것이다.

오늘날 우리의 삶은 거의 모든 면에서 그 어느 때보다 풍요로워졌다. 한때 사망 선고나 다름없던 질병이 치료가 가능해지면서 질병으로 사망할 가능성도 낮아졌다. 이제 누구나 마법 같은 기계를 한 대씩 가지고 있다. 이 첨단 기계는 세상에 축적된 지식을 순식간에 검색해 알려주고, 언제 어디서나 전 세계 친구들과 연결해준다. 어쩌면 당신은 귀에 꽂은 무선 이어폰으로 이 책을 듣고 있거나, 장거리를 편안하게 이동하면서 이 책을 읽고 있을지도 모른다.

하지만 평범한 사람의 삶에서 여전히 나아지지 않은 영역이 하나 있다. 바로 돈이다.

1960년대에 고등학교를 졸업한 사람이라면 대학 학위가 없어도 취업할 수 있었을 것이다. 학위가 필요없으니 학자금 대출을 받지 않아도 되었다. 외벌이만으로 평범한 가정을 꾸릴 수 있었고, 월급을 모아 저축을 잘하면 내 집 마련도 가능했다. 이 시기에는 집을 포함한 모든 자산의 가치가 급등했다. 그뿐만 아니라 금융시장의 실적과 상관없이 은퇴 후에는 최종 연봉에 연동된 연금을 받으며 생활하는 사람도 많았다. 학교와 직장에서 알게 된 동료들을 따라다니며 그들의 금융 습관을 그대로 따라 하기만 해도 재정적으로 안락한 삶을 누릴 수 있었다.

하지만 이제는 달라졌다. 정해진 길을 그대로 따른다면, 학업에 대한 열정이 딱히 없는데도 대학에 진학해야 한다. 대부분의 직장에서 입사 조건으로 대학 졸업장을 요구하기 때문이다. 졸업 후에는 직장 생활 대부분을 학자금 대출을 갚는 데 쏟아붓게 될지 모른다. 그러면 가족을 부양하기 위해 맞벌이를 해야 하고, 30대가 훌쩍 넘어야 내 집 마련이 가능하다는 사실을 깨닫게 된다.

편안한 은퇴 생활을 누리고 싶다면 열심히 저축해서 비싼 집을 사고 투자도 해야 한다. 부디 자산 가격이 쭉쭉 오르기를 기도해야 한다. 혹시 은퇴를 못하고 있는가? 당신만의 문제가 아니다. 이 글을 쓰고 있는 현재, 영국에서는 지난 10년 동안 70세 이상 노동인구가 61퍼센트 증가했다.[1] 미국 역시 향후 5년 이내에 96퍼센트 증가할 것으로 예상된다.[2] 2004년부터 2019년까지 유럽 전역에서 55세 이상 노동인구 비율이 12퍼센트에서 20퍼센트로 증가했다.[3]

우리의 삶은 여러 면에서 조상들의 삶보다 훨씬 나을 것이다. 하지만 돈은 그 외 모든 면에 큰 영향을 미친다. 재정 상황이 좋지 않으면 그로 인한 타격은 피할 수 없다.

돈의 규칙이 바뀐 결정적 순간

왜 지금은 50년 전과 크게 달라졌을까? 이 질문에 대한 답의 실마리는 내가 즐겨 찾는 웹사이트인 wtfhappenedin1971.com에서 찾을 수 있다.

익명의 소셜미디어 계정 몇 개가 장난처럼 만든 웹사이트인 '도대체 1971년에 무슨 일이 일어난 걸까?WTF Happened In 1971?'는 1970년대 초에 일어난 광범위한 금융 및 사회 변화를 그래프와 차트로 보여준다. 지금은 목록이 점점 늘어나 재미를 넘어 다소 충격적인 수준에 이르렀다.

웹사이트 자료에 따르면, 1971년까지는 대부분의 선진국에서 생산성 증가율과 노동자 임금이 비슷하게 움직였다. 이는 신기술과 더 효율적인 작업 방식의 혜택이 사람들에게 비교적 골고루 돌아갔음을 시사한다. 그 이후로 생산성은 계속해서 증가했다. 하지만 임금은 제자리걸음이었고, 그 이익은 다른 곳으로 흘러갔다.

이 웹사이트는 상위 5퍼센트와 하위 20퍼센트 간의 소득 격차로 인한 불평등이 수십 년 동안 거의 동일한 수준으로 유지되었음을 보여준다. 1971년까지는 그랬다. 그러나 1971년 이후 이 격차가 엄청나게 벌어지기 시작했다. 부자들은 더욱 부유해졌고, 나머지 사람들은 더욱 뒤처졌다.

저축률부터 내 집 마련을 위해 쏟아야 하는 노동 시간, 이혼율과 수감률에 이르기까지 다양한 지표와 수십 개의 차트를 살펴보면, 1970년대까지 일관된 추세를 보이다가 갑자기 방향이 바뀌는 것을 볼 수 있다(대개는 약화된다). 도대체 무슨 일이 일어난 걸까?

1971년은 그냥 임의로 선택한 해가 아니다. 1971년은 2차 세계대전 이후 세계 경제를 지탱해온 시스템, 즉 금본위제가 종식된 해였다.

'금본위제'라는 이름에서 알 수 있듯, 그때까지 세계 주요 통화의 가치는 금을 기준으로 평가되었다. 각국 정부는 미국 달러를 고정된 비율에 따라 일정량의 금으로 교환할 수 있었다. 당시 많은 나라가 자국 통화의 환율을 달러에 고정시키고 있었다. 결과는 어땠을까? 달러를 금으로 교환하려는 수요를 감당하려면 금을 추가로 확보해야 했지만, 연방준비제도(미국의 중앙은행)는 그러지 못했고 달러의 유통량을 늘리는 데 한계에 부딪혔다.

1971년 8월의 어느 일요일 저녁, 미국의 리처드 닉슨 대통령이 돌연 금본위제를 폐지하면서 새로운 금융 시대의 서막이 열렸다. 이제 전 세계의 주요 통화는 어떤 것에도 구속받지 않고, 통화 가치는 순전히 정부가 정했다. 이로 인해 각국의 중앙은행은 경제를 다루는 유연성이 훨씬 커졌다. 갑자기 화폐 유통량을 더욱 강력하게 통제할 수 있게 됨에 따라 인플레이션, 금리, 생산성 등에도 큰 파급 효과를 가져왔다.

경제학자들은 그 이후 일어난 일의 상당 부분을 두고 중앙은행이 얼마나 권한을 잘못 휘둘렀는지, 그리고 이것이 인구 통계, 세계화, 투자자 행동 변화와 같은 전혀 상관없는 요인에 얼마나 영향을 미치는지에 대해 의견이 엇갈리고 있다(사실상 거의 모든 문제에서 의견이 엇갈린다). 하지만 분명한 것은 그 운명의 일요일 저녁을 기점으로, 전 세계 경제가 매우 다른 방향으로 움직이기 시작했다는 점이다. 처음에는 급격한 인플레이션이 일어났고, 그 다음에는 생산성 증가율이 둔화되었으며, 장기적으로는 금리가 놀라울 정도로 하락하는 모습을 보였다.

신뢰할 만한 데이터가 존재한 시점부터 살펴보면 미국과 영국의 장기금리는 평균적으로 약 4~5퍼센트다. 금리는 인플레이션이 발생한 1970년대에 사상 최고치를 기록한 후 1980년대와 1990년대를 거치며 계속 하락세를 보였으며, 결국 2000년대 초에는 미국 금리가 2퍼센트 미만으로 떨어졌다. 화폐 가치가 떨어지면 더 많은 돈을 빌리는 것이 합리적인 행동이다. 이는 지난 수십 년 동안 정부, 기업, 개인 모두가 선택한 방식이다. 전 세계적으로 GDP 대비 총부채는 1971년 100퍼센트를 약간 웃도는 수준에서 2007년 195퍼센트로 거의 두 배가 불어났다.[4]

2007~2008년 금융위기 이후 이런 오랜 추세는 더욱 가속화되었다. 미국에서 서브프라임 모기지 사태로 시작된 은행의 붕괴는 금융 부문 전반에 걸쳐 신뢰를 상실하게 만들었고, 수백 년간 소위 '대마불사$^{Too\text{-}big\text{-}to\text{-}fail}$'로 여겨졌던 대형 금융기관들을 무너뜨렸다. 연이은 충격 속에서 각국의 중앙은행은 권한을 최대한

활용해 신속하게 구제금융을 지원했다. 경제를 부양하기 위해 대출 금리를 더욱 낮추고, 전례 없는 규모로 돈을 찍어내 금융시장에 쏟아부었다. 금리는 이전에는 상상할 수 없던 낮은 수준으로 떨어졌다. 미국과 영국에서는 금리가 제로 수준에 육박했고, 유로존에서는 마이너스 금리까지 적용되었다. 부채 비용이 저렴해지자 대출이 급증했다. 미국의 정부 부채는 2007년 이미 GDP의 62퍼센트로 두 배까지 증가했지만, 금융위기가 발생한 지 불과 몇 년 만인 2012년에는 GDP의 97퍼센트에 달했다.[5]

금본위제가 막을 내리고 지난 40년 동안 새로운 금융 시대가 열렸다. 그동안 세계는 저렴한 부채에 푹 빠져 있던 것이 분명하다. 위기가 발생할 때마다 해결책은 더 저렴해지는 부채를 더 많이 일으키는 것이었다. 위기가 잦아들어도 부채 수준이 예전으로 되돌아가는 경우는 거의 없었다. 심지어 2007~2008년 금융위기 이후 12년이 지난 시점인 2020년 초에도 금리는 사상 최저치를 겨우 넘는 수준에 그쳤다. 한편 전 세계 정부와 기업, 개인의 부채 수준은 GDP의 250퍼센트를 넘어선 총 226조 달러에 달했다.[6]

부채 규모는 크고 비용은 저렴한 시대에 편승한 사람이 점점 늘어났다. 하지만 모두가 저금리 혜택을 본 것은 아니다. 이 시대의 진정한 승자는 자산을 보유한 사람이었다. 주식, 채권, 부동산은 금리 하락기에 이득을 본다. 대출 금리가 낮고 자산 수요

새로운 게임, 새로운 규칙

가 증가하면서 가격이 상승한다(사실 자산을 보유한 사람들은 두 번의 승리를 거두었다. 저렴하게 빌린 돈으로 더 많은 자산을 손에 넣을 수 있었기 때문이다). 나머지 사람들은 패자가 되었다. 그들은 욕이 나올 만큼 충격적으로 벌어진 불평등 격차를 경험했다.

하지만 적어도 2007년 이후로 '공짜 돈'의 시대가 본격화되었을 때쯤에는 게임을 어떻게 해야 할지 분명해졌다. 가능한 한 빨리, 그리고 최대한 큰 집을 사는 것이 유리했다. 대출 금리가 그렇게 낮은데 돈을 빌리지 않는 것은 어리석은 일이었다. 주식과 채권시장에 투자하는 것도 유리했다. 두 자산 모두 한 방향으로 흘러가고 있었기 때문이다. 너무 애쓰거나 너무 큰 위험을 감수하지 않는 수동적인 투자자도 두 자릿수의 연간 수익률을 올릴 수 있었다는 의미다. 당시 인플레이션도 매우 낮았기 때문에 인플레이션이 수익을 깎아먹을 걱정도 없었다.

이런 상황이 그대로 유지된다면 게임의 법칙도 변할 리 없었다. 물론 금리의 방향이 반대로 돌아선다면 대가를 치러야 할 테지만, 그런 시절은 두 번 다시 오지 않을 것 같았다. 아마도?

옛 질서는 왜 무너졌을까?

하지만 예상은 빗나갔다. 이번에는 대통령이 텔레비전에 나와 대국민 성명을 발표하지도 않았는데 또 다른 새로운 시대가 열렸다. 우리가 거의 평생에 걸쳐 경험해온 금융 세계가 이제 완전히 바뀌었다. 이 책은 새로운 시대와 변화를 헤쳐나가는 길잡이가 될 것이다.

2020년대에 접어들자, 지난 반세기 동안 전 세계 경제를 정의하고 금융위기 이후 변화를 가속화했던 힘이 돌연 멈추더니 놀랄 만큼 빠른 속도로 방향을 돌려 반대로 작용하기 시작했다. 한때 과거의 문제로 여겨졌던 인플레이션이 복수의 칼을 휘두르며 다시 고개를 들었다. 중앙은행은 인플레이션을 억제하기 위해 금리를 거의 제로에 가까운 수준에서 다시 장기 평균 수준으로 반등했다. 1장에서 살펴보겠지만, 2020년대 초반에 발생한 최악의 인플레이션 압력은 이제 다소 누그러들었다. 그러나 지난 수십 년 동안 세계 경제를 지배한 사상 최저 수준으로 금리가 하락하거나 인플레이션이 완전히 통제되는 것은 상상하기 어려울 것이다.

이제 쉽게 돈을 조달하던 시대는 끝났다. 우리가 겪게 될 후유증은 더욱 고통스러울 수 있다.

이는 몇 가지 중요한 변화 때문이다. 첫째, 자산 가치는 오직 우상향한다는 뿌리 깊은 가정이 완전히 깨져버렸다. 모든 자산 가격을 동시에 끌어올리던 힘이 약화되면서 경제는 훨씬 불안정한 상황에 놓이게 되었다. 둘째, 인플레이션은 앞으로도 계속해서 치솟아 우리의 생활수준을 위협할 것이다.

게다가 정부는 더 이상 도움의 손길을 건넬 수 없고, 오히려 국민에게 도움을 요청할지 모른다. 결국 정부는 돈을 저렴하게 빌려 감당하기 어려운 집을 덜컥 구매한 주택 소유자와 같은 처지에 놓이게 되었다. 수조 달러에 이르는 국가 부채를 갚으려면 다시 더 높은 금리로 빚을 얻어야 할 것이고, 이는 세수에서 부채 상환이 차지하는 비중이 커진다는 것을 의미한다.

실제로 1971년 이후 미국 정부는 4개 연도를 제외하고 매년 부채를 늘려왔고, 영국 정부는 5개 연도를 제외하고 매년 부채를 늘려왔다. 이처럼 일상적인 정부 지출을 충당하기 위해 더 많은 돈을 빌리는 방식은 더 이상 달갑지 않게 느껴진다. 부채가 부채를 부르는 악순환에서 벗어나는 유일한 방법은 예산 삭감과 세금 인상, 인플레이션뿐이다.

이미 지난 50년 동안 뒤처지는 삶을 살아온 서민들은 딱히 미래를 점치는 수정구슬이나 경제학 학위가 없어도 앞으로 경제 상황이 악화될 가능성이 크다는 사실을 쉽게 알아차릴 것이다.

하지만 탈출구는 있다. 나는 새롭게 시작된 경제 시대에도 성공할 수 있다고 믿으며, 이 책에서 그 방법을 이야기할 것이다. 독자에게 바라건대, 지금까지 들은 익숙한 이야기는 잊어버리고 대신 몇 가지 잘못된 미신을 바로잡을 준비를 해야 한다.

'미신^{myth}'에는 많은 사람이 믿지만 사실이 아닌 생각이나 이야기라는 의미가 있다. 오늘날 널리 알려진 돈에 관한 이야기 대부분은 한때 진실이었을지라도, 이제는 더 이상 통하지 않거나 잘못된 것으로 드러나고 있다. 21세기가 되어 이미 상당 부분 시대에 뒤떨어져 있던 구식 금융 상식은 이제 사실만큼이나 잘못된 믿음에 뿌리를 두고 있다.

예를 들어 어려운 시기에 저축이 항상 도움이 된다는 것은 오해다. (만약 인플레이션이 은행 예금 금리를 웃돈다면 어떨까?) '복리 수익'을 올리면 행복한 은퇴 생활을 누릴 수 있다는 것도 오해다. (만약 복리 수익률이 기존 모델이 예측한 수준보다 낮다면 어떨까?) 절대 시장을 이기려 해서는 안 된다는 것도 오해다. (경제적 여건이 너무 좋지 않을 때는 시장을 이기는 것만이 앞서 나갈 수 있는 유일한 방법이라면 어떨까?)

이 책에서는 돈에 관한 가장 광범위하고 치명적인 일곱 가지 오해와 반쪽짜리 진실, 그리고 노골적인 거짓을 정면으로 다룰 것이다. 나는 이런 오해를 하나씩 반박하면서 경제적 독립으로 나아갈 길을 개략적으로나마 제시할 것이다. 현대 금융 체제라는 이 새로운 현실에서 성공을 거두는 데 도움이 될 만한 대안도 논할 것이다.

다만 한 가지 짚고 넘어가고 싶다. 나는 금융업계의 타고난 천재도, 유명한 전문가도 아니다. 그저 옛 조언을 모두 시도해보고, 드물지만 성공적인 조언만 골라 마음에 되새기고, 틀에 박히지 않은 아이디어에서 영감을 받아 실험하며 빈틈을 메우고 새로운 길을 발견했을 뿐이다.

나는 기상천외한 돈 관리로 성공과 실패를 동시에 경험하기도 했다. 이를테면 일부 괴짜 외에는 아무도 비트코인을 모르던 시절에 낯선 사람에게 우편으로 지폐를 보내 비트코인을 사려 했고, 〈프로퍼티 팟캐스트 The Property Podcast〉라는 프로그램을 진행하면서도 당시 세 들어 살고 있던 집을 사지 않는 어처구니없는 실수를 저질렀다(모두가 곧 파산할 것으로 여긴 회사의 주식을 싸게 사는 역발상 투자도 잘못된 전략으로 드러났다. 때로는 다수의 판단이 옳다).

하지만 지난 15년 동안 나는 경제와 투자 분야를 집중적으로 연구했다. 모든 것을 의심하고, 돈에 관해 어떤 개념이 옳은지 아니면 그저 헛소문에 불과한지도 알아냈다. 시간이 지나면서 이 방법은 내게 효과적인 규칙으로 자리 잡았고, 다른 많은 사람에게도 통했다. 이 방법이 그들에게도 통했고 내게도 통했다면, 아마 독자에게도 통하지 않을까?

저성장 시대, 새로운 부의 공식

모두가 아는 통념을 저버리는 것이 조금은 부담스러울 수 있다. 특히 지금부터 살펴볼 많은 오해가 평생에 걸쳐 돈에 관한 인식에 큰 영향을 주었다면 더욱 그럴 것이다. 하지만 과거의 통념을 버리지 못한다 해도 걱정하지 않아도 된다. 이 책은 극단적인 방법을 요구하지는 않는다.

사실 이는 내가 이 방법을 설계할 때 적용한 네 가지 '원칙' 중 첫 번째에 해당한다. 나는 이것이 이성적으로 재정 상태에 접근하는 방법의 토대를 이룬다고 생각한다. 이와 같은 지침은 분명히 필요하다. 돈의 세계가 지금보다 단순했던 시절에도, 그리고 오늘날의 몇몇 오해가 여전히 타당한 조언처럼 인식되었을 때도 대부분의 사람은 경제적으로 앞서 나가기 위해 고군분투했기 때문이다. 문제는 부족한 지식이 아니라, 인간 본성에 반하는 것을 요구하는 경우가 많았다는 점이다. 그런 계획은 수십 년 동안 마음속에 일어나는 모든 충동을 억누를 수만 있다면 완벽하게 작동할 것이다.

그러나 나는 사람들이 쉽게 따를 수 있고, 더 나아가 기꺼이 따르고 싶을 만큼 설득력이 있어야 진정한 가치가 있다고 생각한다. 그래서 나는 다음과 같은 네 가지 기본 원칙을 세웠다.

원칙 1. 인생에 큰 변화가 필요하지 않다

물론 《선데이타임스 The Sunday Times》가 선정한 부자 순위에 오른 사람들은 처음부터 금수저로 태어난 경우를 제외하고는 대부분 야심 차게 사업에 도전해 부를 쌓았다. 내 친구 중 상당수는 새로운 기회를 찾아 생활비가 저렴한 지구 반대편으로 이주해 부자가 되었다.

위험을 감수하더라도 자기만의 길을 가는 성향이라면 사업은 부자가 되기에 더할 나위 없이 좋은 방법이다. 하지만 대부분의 사람에게 이런 도전은 현실적이지 않을뿐더러 꼭 필요하지도 않다. 실제로 내 방법을 따르면 지금보다 경제적으로 더 단순하면서도 덜 위험한 삶을 살 수 있다.

원칙 2. 수십 년을 들이지 않아도 효과를 볼 수 있다

만약 어떤 의사가 완벽한 치료법이 존재하지만 완치하기까지 40년이 걸린다고 말한다면, 나는 새로운 의사를 찾아 나설 것이다.

서점에는 은퇴 후의 편안한 삶을 위해 20대 초반부터 시작할 수 있는 훌륭한 투자서가 넘쳐난다. 하지만 이미 20대를 훌쩍 넘겨버린 사람들은 어떻게 해야 할까? 아직 젊지만 이른 나이에 은퇴하고 싶다면 어떻게 해야 할까?

대안을 따른다고 해서 당장 부자가 될 수 있는 것은 아니다. 하루아침에 부를 쌓는 것은 비현실적이다. 그러나 당신은 1년 안에 변화를 느끼기 시작할 것이고, 3년에서 5년 후에는 경제적으로 완전히 새로운 궤도에 진입할 것이며, 10년 이내에 인생이 근본적으로 달라질 것이다.

원칙 3. 욕구를 끝없이 미루지 않아도 된다

많은 사람이 술과 가공식품, 설탕을 멀리하면 오래 살 수 있다고 믿는다. 이런 절제된 생활을 하다 보면 의학의 발달로 노화 치료법을 찾을 때까지 생존할 수 있다고 여긴다. 한편 그들이 영원히 살지는 못할지라도 수명이 길어진 듯한 착각이 들 것이라는 우스갯소리도 있다. 그토록 제한적이고 규칙적인 삶은 너무도 지루해서 시간이 느리게 흐를 테니 말이다.

돈도 마찬가지다. 나는 먼 미래를 위해 무작정 현재를 희생해서는 안 된다고 생각한다(비관적으로 말하고 싶진 않지만, 우리가 몇 살까지 살 수 있을지는 아무도 모른다). 물론 미래의 나는 중요하기에 미래를 대비해야 한다. 하지만 현재의 나도 사랑받을 자격이 있다. 따라서 내가 제시할 방법은 미래를 준비하는 동시에 현재의 삶을 개선하는 데도 중점을 둔다.

원칙 4. 다른 사람에게 의존하지 않는다

만약 당신이 주식시장의 특정한 움직임, 승진을 결정하는 상사, 정부의 특정 정책 채택에 따라 재정 계획을 세운다면 그것은 계획이 아니라 희망 사항에 불과하다.

세상이 과거와 똑같이 흘러갈 것이라고 가정한 후 계획을 세우는 것은 매우 위험하다. 지난 경제사는 사람들이 대안을 상상하는 방법조차 잊어버린 바로 그 순간에 상황이 돌연 극적으로 바뀔 수 있다는 것을 알려준다. 이 방법의 성공 여부는 오로지 당신의 행동에 달려 있다. 세상이 변하더라도 이 방법은 변화에 맞춰 적응할 수 있는 자신감을 길러주고 정신적 유연성을 제공한다.

나는 일곱 가지 오해를 하나씩 밝혀낸 후 이 새로운 현실을 바탕으로 8단계 계획을 제시하고, 그 계획을 실행하는 데 도움이 될 몇 가지 추가 자료도 제공할 것이다. 궁극적으로 당신은 새로운 세상을 헤쳐나갈 참신한 청사진을 갖게 될 것이다. 이는 전통적인 접근법을 고수한다면 절대 이루지 못할 성공을 선사할 것이다.

오해를 바로잡고자 한다면 먼저 가장 뿌리 깊이 자리 잡은 잘못된 믿음을 뒤집는 일부터 시작해야 한다.

| 차례 |

프롤로그 새로운 게임, 새로운 규칙

돈의 규칙이 바뀐 결정적 순간 ● 9
옛 질서는 왜 무너졌을까? ● 15
저성장 시대, 새로운 부의 공식 ● 19

1장 | 저축
왜 열심히 모아도 점점 더 가난해지는가

'공짜 돈' 시대의 종말 ● 33
저축을 자동화하는 법 ● 41
3가지 금융 지렛대의 비밀 ● 55

2장 | 조기 은퇴
40대에 은퇴하겠다는 위험한 착각

복권 당첨자들이 일터로 돌아가는 이유 ● 67
돈과 시간의 연결고리를 끊는 법 ● 72
경제적 자립을 이루는 3단계 프로세스 ● 76
적게 일하고 많이 벌어라 ● 91

3장 | 손실 최소화
'원금 보장'이 안전하다고?

억만장자들이 계속 위험한 투자를 하는 이유 • 98
돈에 대한 3가지 동기 이해하기 • 104
투자 결정을 획기적으로 단순화하는 법 • 109
나에게 맞는 투자 형태 찾기 • 114
투자를 단순하게 유지하라 • 116

4장 | 내 집 마련
부동산이 답일까? 내 집 마련이라는 환상

현금만이 지닌 독특한 기능 • 125
집이 당신을 부자로 만들어주지 않는 이유 • 130
임차는 '돈을 버리는 것'일까? • 134
'집값 폭등' 시대의 종말 • 137
주택 구매 압박에서 벗어나는 현실적 판단법 • 143

5장 | 복리
복리는 부자만을 위한 게임이다

복리가 당신을 구원하지 못하는 이유 • 153
기적은 시간이 걸린다 • 159
복리가 하는 일을 결코 의식하지 마라 • 163
내 인생에 복리 시스템을 구축하는 법 • 169

6장 | 분산투자
'평범함'만 보장하는 투자 전략

인덱스펀드가 충분하지 않은 이유 • 178
채권의 숨겨진 매력 • 183
그리 안전하지 않았던 '안전한 투자' • 187
분산투자가 정말 현실적인 목표일까? • 189
전천후 성과를 추구하라 • 192
미래를 대비하는 '유지' 버킷 구축법 • 201

7장 | 위험한 투자
위험하지 않은 건 기회가 아니다

얼마나 부자가 되고 싶은가 • 211
안심하려면 분산투자를 하고, 부자가 되려면 집중투자를 하라 • 214
레버리지: 타인의 돈으로 부자가 되는 법 • 217
집중투자: 경쟁력 있는 분야에 투자하라 • 222
인적 자본: 궁극적인 부의 창출 수단 • 225
내가 할 수 있다면 누구나 할 수 있다 • 229

8장 | 결론
상식을 뒤엎고 진정한 부를 이루는 법

재정적으로 더 나은 미래로 향하는 8단계 실행 전략 • 237
돈의 진정한 주인이 되는 법 • 247
돈에 관한 진실을 다루는 법 • 260

주 • 265

1장
저축

왜 열심히 모아도 점점 더 가난해지는가

⬅ **오해**

부에 이르는 길은
저축 계좌 잔고를
채우는 것에서 시작된다.

진실 ➡

오늘날 돈을 저축하는 것은
종종 돈을 잃는 것을 의미한다.
진정한 부에 이르는 길은
좋은 습관을 들여
다른 곳에 집중하는 것이다.

1920년대 자기계발서는 전보 에티켓을 다루고 여성이 등장하지 않는다는 점을 제외하면 요즘 자기계발서와 별반 차이가 없다. 자기계발서가 건네는 조언이 한 세기 동안 거의 변하지 않았다는 사실은 놀라운 일이다. 예컨대 목표를 설정하고, 긍정적으로 생각하고, 대인관계 역량을 키우고, 건강관리에 신경쓰라는 조언은 여전히 유효하다.

어쩌면 그리 놀랄 일은 아닐 수 있다. 우리의 복장이나 사회적 규범은 바뀌었을지 몰라도 신체적으로나 정신적으로는 증조부모 세대와 크게 다르지 않기 때문이다. 이를테면 1920년대에 왕성하게 활동했던 미국의 보디빌더 찰스 애틀러스$^{Charles\ Atlas}$의 피트니스 프로그램을 따라 하면 요즘 유행하는 크로스핏을 한 것처럼 탄탄한 몸매를 만들 수 있다. 데일 카네기가 지금은 고전이 된 책 《인간관계론》에서 강조했듯, 누군가를 이름으로 부르는 것은 오늘날 왓츠앱^{WhatsApp}을 통해 메시지를 보낼 때 명함을 남기는 것과 마찬가지로 호감을 높일 수 있다.

하지만 돈과 금융의 영역에서는 전혀 다른 이야기가 펼쳐진다. 1920년대는 미국의 중앙은행인 연방준비제도가 막 설립된 시기였고, 평범한 미국인의 개인 소득세율은 4퍼센트에 불과했으며, 대부분의 사람들이 죽기 5~10년 전까지 일했다. 이러한 변화와 수많은 다른 변화들로 인해 한 세기 전 재테크에 관한 조언은 지금과 완전히 다른 세상을 위한 것이 되었다.

문제는 오늘날 권장되는 재테크 개념이 놀라울 정도로 거의 변하지 않았다는 점이다. 저축을 예로 들어보자. 1926년에 처음 출간된 조지 S. 클레이슨George S. Clason의 고전《바빌론 부자들의 돈 버는 지혜》는 이렇게 말한다. "지갑에 동전 열 개를 넣으면 그중 아홉 개만 꺼내 쓰라. 지갑이 금세 두툼해질 것이며, 지갑을 손에 쥘 때 느껴지는 기분 좋은 묵직한 무게감이 충만한 느낌을 줄 것이다." 이는 '소득의 10퍼센트를 저축하라'는 의미를 강조한 인상적인 표현이다. 이 개념은 이미 오래전부터 존재했지만, 1980년대 들어 널리 퍼졌고 2000년대부터는 이 개념을 어디서든 접할 수 있었다. 2003년 초대형 베스트셀러가 된 데이비드 바크David Bach의 책《자동 부자 습관》은 10퍼센트라는 저축 목표를 강조했고, 그해 말에 출간된 데이브 램지Dave Ramsey의《절박할 때 시작하는 돈 관리 비법》은 이 목표치를 15퍼센트로 상향 조정했다.

이런 책들이 저축만으로 충분하다고 주장하는 건 아니다. 하지만 합리적인 금액을 저축하고 간단하고 현명한 투자를 하면 보통 사람도 경제적으로 안락한 삶을 살 것이라는 메시지를 강력하게 전달한다. 아마 수십 년 전이라면 그런 주장이 맞았을 것이다. 하지만 지금 이런 조언을 따랐다가는 그리 만족스러운 결과를 얻지 못할 가능성이 크다. 사실 저축하기에 지금처럼 나쁜 시기도 없다.

'공짜 돈' 시대의 종말

지난 세기 동안 거의 변하지 않은 것은 인플레이션의 존재다. 물가가 오르면 돈의 가치는 그만큼 떨어진다. 그러나 대체로 인플레이션은 큰 문제가 되지 않았다.

1970년대 몇 차례 짧은 물가 폭등 시기를 제외하면 2차 세계대전 이후부터 2008년까지 미국을 포함한 대부분의 서구 경제에서 저축에 대한 이자율이 인플레이션보다 높았기 때문이다.[1] 결과적으로 매년 돈의 구매력은 조금씩 줄어들었지만 은행 계좌에는 이를 만회하는 돈이 추가로 채워졌다.

그러나 2007년 금융위기 이후 각국의 중앙은행은 경기를 부양하기 위해 금리를 거의 제로 수준으로 인하했다. 이는 개인과 기업이 미래를 위해 저축하기보다 당장 소비와 투자에 돈을 쓰도록 유도하기 위한 조치였다. 이로 인해 인플레이션이 조금만 발생해도 인플레이션율이 이자율을 앞지르게 되었고, 결과적으로 은행에 예치된 돈은 가치를 잃기 시작했다. 열심히 저축하는 사람이 손해를 보게 된 것이다. 이런 흐름은 이후 15년 동안 계속 이어진다.

은행이 제로금리를 유지하고 매주 식료품 가격이 오르는 이 불리한 현실을 누구나 체감할 수밖에 없었다. 하지만 2022년에 기막힌 일이 벌어졌다. 먼저 인플레이션이 증가했다. 코로나19 봉쇄 조치는 전 세계 무역에 엄청난 혼란과 차질을 빚어냈고, 각국의 중앙은행은 경기 부양을 위해 필사적으로 돈을 찍어냈다. 봉쇄 조치가 해제되자 넘쳐나는 현금과 급증한 수요가 맞물리면서 물가가 급등했다. 영국과 유로존에서는 인플레이션이 두 자릿수를 기록했고,[2] 미국에서는 9.1퍼센트까지 치솟았다.[3]

중앙은행들은 이에 대응해 금리 인상을 단행했다. 금리가 오를수록 돈을 빌리는 비용은 증가한다. 이론상으로 금리가 오르면 소비자는 지출을 줄인다. 소득은 그대로인 상황에서 주택담보대출이나 다른 부채를 갚는 데 더 많은 돈을 써야 하기 때문이다.

결과적으로 금리 인상은 수요와 공급의 균형을 다시 맞추고, 물가 상승을 억제하는 효과가 있다.

　대부분의 주요 경제권에서는 공통적으로 1년 남짓한 기간에 금리가 거의 제로에서 5퍼센트로 올랐다. 이는 역사를 통틀어 상당히 급격한 변화였다. 10년 넘게 변동 없이 유지되어오던 금리가 이처럼 급격히 인상된 것은 50여 년 동안 전례 없는 충격적인 조치였다.

　언뜻 보면 금리 인상은 꼬박꼬박 저축하는 사람들에게 반가운 소식이다. 그동안 은행에 돈을 맡겨도 이자를 거의 받지 못하다가 갑자기 5퍼센트라는 높은 이자율이 적용될 수 있기 때문이다. 하지만 한 가지 함정이 있었다. 금리가 오르긴 했지만, 대체로 인플레이션율에 미치지 못했다. 예컨대 2022년 초에 은행에 100달러를 맡겼는데 연말에 105달러를 돌려받았다면 간만에 이득을 본 듯한 기분이 든다. 하지만 막상 그 돈으로 물건을 사러 가면 은행에 돈을 처음 맡겼을 때보다 살 수 있는 것이 줄어들었음을 깨닫게 된다.

　금리에서 인플레이션율을 뺀 값을 실질금리라고 한다. 2008년부터 2022년까지 실질금리는 계속 마이너스였다. 은행에 돈을 맡겨두면 시간이 지날수록 인플레이션율을 따라가지 못해 실질구매력이 떨어진다는 얘기다. 그러나 2022년부터 금리가 오르면서 실질금리가 플러스로 전환되는 시기가 간간이 있었다. 저축하는 사람들이 잠시나마 이득을 보았고, 앞으로 이런 환경이 다시 돌아올 것이라고 믿는 경제학자들도 있다.

하지만 나는 이런 시각에 대해 회의적이다. 저축하는 사람들이 앞으로도 계속 손해볼 가능성이 크다고 보는데, 그 이유는 헤아릴 수 없을 만큼 많다.

우선 정부가 자국의 부채를 통제할 수 있는 유일한 방법은 저축에 불리한 정책을 펴는 것이다. 연방준비제도가 설립된 1913년부터 이 책을 쓰는 현시점까지 미국 정부는 총 33조 달러에 달하는 부채를 떠안았다. 이는 살 떨릴 만큼 막대한 금액이다. 더 충격적인 사실은 총부채의 3분의 2에 해당하는 20조 달러가 지난 15년 동안 누적된 것이라는 점이다.[4] 세계 각국의 금리가 하락하던 시기에는 이것이 그리 큰 문제가 되지 않았다. 2001년 미국은 정부 부채에 대해 평균 6.5퍼센트의 금리를 지불했지만,[5] 2020년에는 금리가 2.4퍼센트로 낮아졌다. 주택담보대출 금리가 낮아지면 같은 돈으로 더 큰 집을 살 수 있듯, 미국을 비롯한 대부분의 선진국들은 세수에서 차지하는 상환 비율이 증가하지 않아도 더 많은 돈을 빌릴 수 있었다. 그래서 그들은 지출을 늘렸고 부채가 수조 달러에 이르는 상황을 방치했다. 2004년부터 2024년까지 미국의 정부 부채는 거의 다섯 배 증가했지만, 경제

규모는 간신히 두 배로 늘어나는 데 그쳤다. GDP 대비 부채 비율은 55퍼센트에서 123퍼센트로 증가했다.[6]

이런 변화는 바람직하지 않다. 정부가 막대한 돈을 빌렸지만 그만큼 경제 성장을 이루지 못한 것이다. 그래도 금리가 낮다면 부채는 감당할 수 있는 수준이었을 것이다. 그런데 2022년 이후로 상황이 녹록하지 않았다. 고금리는 정부를 포함한 모든 주체에 부채 비용의 상승을 의미하기 때문이다.

'공짜 돈'의 시대가 너무 오래 지속되다 보니 어느 순간 표준으로 자리 잡게 되었고, 정부는 값싼 부채에 전적으로 의존하게 되었다. 2022년과 2023년 사이에만 미국 정부 부채가 5,000억 달러 증가했다.[7] 정말 '필요에 의한' 지출이 아니라 순전히 정부의 운영을 유지하기 위한 지출이었다. 영국이나 유로존과 같은 다른 경제권과 마찬가지로 미국 정부 역시 지출 수준을 유지하기 위해, 이자 비용이 증가하는 상황에도 매년 더 많은 돈을 빌릴 수밖에 없었다.

이것은 물론 악순환으로 이어진다. 부채 상환액이 증가할수록 이자를 갚기 위해 더 많은 돈을 빌려야 한다. 이로 인해 다른 예산에 할당할 돈이 줄어들어 그 비용을 충당하기 위해 더 많은 돈을 빌려야 하는 것이다. 결국 상환액이 더 늘어나는 악순환이 계속된다.

그렇다면 정부는 이 문제를 어떻게 해결해야 할까? 사실 할 수 있는 일은 그리 많지 않을 것이다. 정부가 세금을 충분히 인상하거나 비용을 절감해 부채를 상환하는 데 사용하는 흑자를 얻는 시나리오를 상상하는 것은 거의 불가능하다. 무시무시하게 들리겠지만 정부가 매년 더 많은 빚을 얻어야 필수적인 공공 서비스를 제공할 수 있고 세금의 상당 부분이 이미 부채 비용을 지불하는 데 쓰이는 상황은 엄연한 사실이다. 이 글을 쓰고 있는 지금 이 순간에도, 미국의 납세자들이 내는 소득세 1달러당 39센트가 순전히 부채에 대한 이자 비용을 충당하는 데 들어가고 있다.[8]

정부는 그저 차입 비용을 최대한 낮게 유지해 상황을 통제하려고 노력하는 수밖에 없다. 이를 결정하는 가장 중요한 요인은 중앙은행이 설정하는 기준금리로, 경제 전반의 차입 비용에 큰 영향을 미친다. 이 금리를 영국에서는 '기준금리$^{base\ rate}$' 또는 '은행 금리$^{bank\ rate}$'라고 하며, 미국에서는 '연방기금금리$^{Fed\ Funds\ rate}$'라고 부른다. 물론 모든 주요 중앙은행은 정부로부터 독립되어 있고, 관련자들은 정치적 개입을 받지 않는다고 단언할 것이다. 하지만 정치권으로부터 완전히 독립되기는 어렵다. 향후 10년 동안 금리는 2010년대 비정상적으로 낮은 수준보다 거의 확실히 오를 것이다. 하지만 20세기에 정상으로 여겨졌던 고금리 수준에 이를 가능성은 적어 보인다.

동시에 인플레이션은 향후 수십 년 동안 지금까지 경험했던 것보다 훨씬 많은 문제를 일으킬 것으로 예상된다. 여기에는 수많은 이유가 있다. 첫째, 최근에는 인플레이션이 발생했다는 사실 자체가 인플레이션을 유발한다. 경제학자들은 사람들이 오르는 생활비를 충당하기 위해 더 많은 임금을 요구해 인플레이션을 부채질하는 '인플레이션 악순환'을 우려한다. 2022년 영국 중앙은행 총재는 바로 이런 이유로 노동자들이 임금 인상 요구를 "자제"해줄 것을 제안했다.[9] 경제적으로 볼 때 그의 주장은 옳았다. 하지만 중앙은행 총재의 소득이 영국인 평균 소득의 18배나 많다는 점에서 그의 의견은 그다지 공감을 얻지 못했다.

둘째, 전 세계 공급망이 더욱 취약해지고 있다. 코로나19로 인한 봉쇄 조치는 대체로 인플레이션을 초래했다. 곳곳에서 생필품을 구하기가 훨씬 어려워진 까닭이다. 여기에 더해 유럽의 경제적 갈등부터 중동의 지정학적 긴장까지 인플레이션 악순환을 다시 일으킬 수 있는 다른 모든 요인을 떠올려보자. 세계 경제는 점점 불안정해지고 있다. 이제 기업들은 비용이 더 들더라도 가까운 지역에서 더 많은 제품을 생산하는 것이 지구 반대편에서 생산하는 것보다 더 안전하다고 생각한다.

기업들은 화석 연료에서 벗어나 더 친환경적이고 재생 가능한 형태의 에너지로 전환하고 싶어 한다. 에너지 전환이 아무리 시급한 문제일지라도 대체 에너지원이 아직 기존 에너지원만큼 효율적이지 않다는 사실은 부인할 수 없다. 결과적으로 에너지 비용은 상승할 가능성이 크다. 에너지는 모든 생산 과정에 투입되는 자원이므로 인플레이션을 일으킬 수 있다.

게다가 한 가지 요인이 더 있다. 중앙은행들이 2020년대 초반에 전 세계 대부분의 국가가 겪었던 두 자릿수 인플레이션이 다시 발생할 것을 우려해 인플레이션을 강하게 억제하고 있는 것은 사실이지만, 적당히 높은 수준의 인플레이션은 중앙은행에 오히려 유리하다. 지금까지 거의 모든 정부가 쌓아온 막대한 부채를 처리하는 데 도움이 되기 때문이다. 코로나19 기간에 국가 부채는 최고치를 경신했다. 임금을 포함한 모든 요소의 가격이 오르면 경제 전체 규모인 GDP가 증가한다. 생산량은 그대로인데 명목가치만 높아진 셈이다. 그 결과 부채의 절대적 규모는 변함이 없지만, GDP 대비 부채 비율은 하락한다.

'모든 것의 가격이 오른다'라는 말은 사실상 '인플레이션'과 같은 의미다. 정부는 어느 정도의 인플레이션을 원하며, 종국에는 원하는 바를 달성해내는 경향이 있다.

그렇다고 해서 미국이나 영국 등지에서 초인플레이션이 임박했음을 주장하는 것은 아니다. 초인플레이션은 정부의 신용도와 저금리로 자금을 조달하는 능력에 처참한 결과를 가져올 것이다. 그러나 전반적으로 정부는 금리가 상대적으로 낮고 사람들이 견딜 수 있는 수준의 높은 인플레이션 환경을 조성하려 한다. 사실 나는 이것이 향후 수십 년에 걸쳐 나타날 특징이 될 것이라고 확신한다. 2008년 이후는 극도로 낮은 금리와 최소한의 인플레이션의 시대로 정의되었지만, 2020년대는 그동안 경험한 수준보다는 높아도 적정 수준까지는 미치지 못한 금리, 그리고 변동성이 큰 고高인플레이션의 시대로 정의될 것이다.

저축은 어떻게 될까? 인플레이션율은 대체로 금리보다 높은 수준을 유지하고, 은행 계좌에 예치한 돈의 구매력은 해가 갈수록 떨어질 것이다.

저축을 자동화하는 법

역사상 유례없는 수준으로 저축이 불리해진 상황에 어떻게 대응해야 할까? 한 가지 방법은 돈을 모으는 것을 완전히 포기하고 순전히 오늘만을 사는 것이다. 이는 달콤한 유혹이지만, 미래의 당신은 그보다 더 나은 대우를 받을 자격이 있다. 특히 어려운 시기에 정부가 지원금을 삭감할 가능성을 고려하면 더욱 그렇다.

안타깝지만 (쾌락주의와 다소 거리가 먼) 주류 경제학의 재정적 조언도 그다지 도움이 되지 않는다. 열심히 저축만 한다면 물살을 거스르며 헤엄치는 것과 다름없다. 삶의 모든 영역에서 많은 희생을 치르면서도 그에 상응하는 결과를 얻지 못하는 것이다. 물론 우리는 계속 저축해야 하지만, 그것이 우리 삶을 획기적으로 바꾸거나 미래의 생활을 보장하리라는 기대는 하지 말아야 한다. 다시 말해 저축에 필요 이상으로 주의를 기울이기보다 이 책에서 탐구할 다른 아이디어에 집중하는 편이 낫다.

이 책이 제시하는 저축에 대한 접근법은 애초에 돈을 쓰는 근본적인 이유를 탐구하는 데서 출발한다. 우리는 구매하는 물건의 가치를 우리가 지불하는 돈의 가치보다 더 높게 평가한다는 것을 암묵적으로 표현하고 있다. 항상 그렇게 느끼지는 않겠지만 (전기요금을 기쁜 마음으로 내는 사람은 거의 없다) 자발적으로 소비 결정을 내린다면 이는 언제나 사실이다(어두컴컴하게 사느니 돈을 쓰는 게 낫다).

이론상으로는 돈을 쓸 때마다 삶의 질이 향상되어야 한다. 그렇지 않으면 그 거래를 하지 말았어야 한다. 누구도 당신에게 억지로 소비를 강요하지는 않았지만 아마도 삶의 질을 향상시키지 않는 방식으로 돈을 쓰는 경우가 많다는 사실을 깨달았을 것이다.

- 소비로 행복해질 것 같았는데, 막상 구매하고 나면 후회가 밀려온다.
- 한두 번은 행복감을 느끼지만, 소비 행위 자체를 그리 즐기지 않게 되었고, 소비 결정을 다시 생각하지 않는다.
- 다른 사람이 행복해하는 모습을 보고 '나도 같을 것'이라고 생각했지만, 사실 우리는 자신의 진짜 욕구에 대해 솔직하지 않았을지도 모른다.
- 처음엔 가끔 즐기는 특별한 일이었던 소비가 어느덧 너무나 일상이 되어버렸다. 그 결과 소비에서 얻는 즐거움을 더 이상 느끼지 않게 되었다.
- 어쩌면 구매한 제품이나 서비스를 전혀 이용하지 않으면서 자신도 모르게 계속 요금을 내고 있을 수 있다.

나는 이와 같은 소비 '실수'를 최소화하기 위해 6단계 프로세스를 개발했으며, 이를 '의식적인 지출$^{mindfulness\ spending}$'이라고 이름 붙였다. 의식적으로 지출하면 '이 돈을 쓰면 정말 내가 행복해질까?'라는 질문에 언제나 '그렇다'라고 자신 있게 답할 수 있게 된다.

나는 이것이야말로 두 마리 토끼를 잡는 방법이라고 생각한다. 왜냐하면 행복에 기여하지 않는다고 의식적으로 결정한 분야의 지출만 줄이기 때문이다. 이렇게 지출을 줄이면 현재 상태에 부정적인 영향을 미치지 않으면서 미래에 긍정적인 변화를 불러올 수 있다.

이미 최적의 지출을 하고 있을 리는 없으므로 분명 줄일 수 있는 항목이 있을 것이다. 그러면 지나치게 애쓰지 않고도 저축 금액을 늘릴 수 있다.

이제 의식적인 지출을 시작할 준비가 되었는가? 의식적인 지출을 위한 6단계는 다음과 같다. 6단계만 따르면 되니 그리 어렵지 않다.

1단계: 예산 세우지 않기

첫 번째 단계는 아무것도 하지 않는 것이다. '예산 세우기'는 재테크 관련 글에 항상 등장하는 첫 번째 단계지만, 나는 여기에 큰 단점이 있다고 생각한다. 의식적인 지출을 한다면 예산을 짤 필요가 없다.

예산을 세우면 가장 큰 지출이 고정된다는 점에서 한계가 있다. 예를 들어 영국 통계청 보고서에 따르면 주택, 식품, 의료, 보험, 교통 항목이 평균 가계 총지출의 72퍼센트를 차지한다.[10] 미국 노동통계국은 이 수치를 약 82.5퍼센트로 집계했다.[11] 따라서 커피를 마시는 데 매주 10~15달러의 예산을 허용해도 될지 망설

이게 될 것이다. 하지만 이런 임의 지출은 전체 지출에서 차지하는 비중이 매우 적기 때문에 전반적인 지출에 영향을 미치지 않는다.

예산을 고민하는 데 시간과 에너지를 낭비하지 말자. 재테크가 취미인 조금 독특한 사람을 제외하면 보통은 재테크에 쏟을 시간과 에너지가 한정되어 있다.

물론 예산을 세우는 일은 그리 어렵지 않으며 의외로 보람찰 수 있다. 예산을 세우다 보면 자신의 인생에 체계적인 질서를 부여하고 일을 제대로 해내고 있다는 느낌이 들 수도 있다. 예산을 세우는 건 훌륭한 일이다. 하지만 이를 실천하는 것이 더 중요하다. 예산을 계획대로 지키는지 꾸준히 확인하려면 이 영역에 투입할 수 있는 한정된 집중력과 의지력을 상당히 소모해야 한다. 그보다는 더 많은 소득과 투자 수익을 올리는 등 더 큰 가치를 창출할 수 있는 활동에 귀중한 정신적 에너지를 쏟는 편이 낫다.

예산을 세우는 작업이 너무 고된 나머지 노력을 들이는 일 자체를 기피하고 재정 상태를 개선하길 아예 포기해버리는 안타까운 일이 벌어질 수도 있다. 예산을 세우는 것보다 훨씬 즐겁고 효과적인 방법이 있는데도 말이다.

물론 예산이라는 구조가 필요할 수 있고, 예산을 세우는 것이 심리적으로 도움이 된다고 여길 수 있다. 예산이 당신의 우울한 기분을 풀어줄지도 모른다. 당장은 선택의 여지가 없을 수도 있다. 월말까지 버틸 수 있을 만큼 돈을 충분히 확보하려면 예산이 필요하다. 이런저런 이유로 예산을 세우고 싶다면 이 단계는 무시해도 된다. 나는 예산을 세우느라 우울해지는 사람들에게 대안을 제시하고자 한다.

2단계: 일상적인 지출 추적하기

이것이 예산에 얽매이지 않고 지출을 일정하고 합리적인 수준으로 유지하는 나만의 비법이다.

방법은 간단하다. 돈을 쓸 때마다 기록하자. 심리적 효과를 극대화하고 싶다면 잠들기 전에 한꺼번에 작성하기보다 그때그때 기록하는 것이 좋다.

기록 방식은 중요하지 않다. 스마트폰의 메모장 앱만으로도 충분하다. 원한다면 모든 항목을 더해주고 카테고리별로 빠르게 데이터를 분석할 수 있는 앱을 사용해도 된다. 핵심은 수동으로 기록하는 것이다. 은행에 자동으로 연동되어 모든 자산을 추적하는 앱은 별 소용이 없다.

다만 기록하는 데 20초 이상 할애해서는 안 되고, 다음의 항목이면 충분하다.

- 날짜
- 금액
- 지출 카테고리(외식, 커피, 의류, 오락, 식료품 등)
- 구매한 품목에 대한 설명(선택 사항)

구독료처럼 반복적으로 발생하는 비용이나 주택담보대출, 공과금, 여행비, 헬스장 회원권 등 정기적으로 나가는 큰 비용은 신경 쓰지 않아도 된다. 그런 비용은 다음 단계에서 다룰 것이다. 여기서의 목표는 꾸준히 발생하는 일상적인 지출을 의식적으로 줄이는 데 있다.

다음으로 지출 금액과 시기를 검토하는 단계가 따를 것이라 예상하겠지만, 그런 단계는 거치지 않는다. 매일 하루를 마치고 메모를 지워버려도 된다. 따로 검토하지 않아도 큰 차이가 없을 것이다. 이것이 이 과정의 묘미다. 단순히 기록해야 한다는 사실만으로도 의식적으로 노력하지 않아도 지출이 줄어든다. 지출하려는 순간, 당신은 바로 몇 분 뒤에 해야 할 일을 무의식적으로 떠올리고, 지출을 기록하는 것이 내키지 않는다는 사실을 깨닫고는 결국 돈을 쓰지 않게 될 것이다(칼로리 제한 없이 먹는 모든 음식을 기록하는 것도 같은 이유로 다이어트에 효과적이다).

이 방법이 성가시게 들린다면 제대로 이해한 것이다. 그것이 바로 핵심이다. 그렇다고 이 습관을 영원히 유지해야 하는 것은 아니다. 1~2주 정도 지출에 대해 신중하게 고민하는 시간을 가지면 이 과정을 중단해도 습관으로 남는다는 것을 깨닫게 된다. 하지만 습관이 영원히 지속되지는 않을 것이다. 어느 날 신용카드 청구서를 보고 또다시 충격에 빠질 때 이 과정을 반복하면 된다.

3단계: '2주 규칙' 활용하기

앞의 두 단계는 일상적인 소소한 지출을 자연스레 줄이는 데 매우 효과적이다. 여기에 한 가지 비법을 더하자면, 큰 금액을 지출하더라도 삶을 크게 개선하는 규칙을 적용하는 것이다. 이른바 '2주 규칙'이다.

2주 규칙은 간단하다. 휴대전화, 자전거용 고급 액세서리, 믹서기 등 50달러 이상 나가는 물건을 꼭 사야겠다고 결심했다면 스스로 이렇게 말해보자. "걱정하지 마! 이건 충분히 살 수 있어. 몇 주만 기다리면 돼."

2주가 지나기도 전에 불타던 구매 욕구가 완전히 증발해버리는 경우가 얼마나 많은지 알면 깜짝 놀라게 될 것이다. 최근에 나는 아이패드로 독서와 노트 필기 습관을 획기적으로 바꾸고 싶다는 생각에 사로잡혔다. 그때부터 아이패드의 사양과 기능, 액세서리를 꼼꼼히 조사하기 시작했다.

2주 후에 어떻게 되었을까? 어느 순간 아이패드에 대한 생각이 사라져버렸다. 휴대전화로도 충분히 책을 읽을 수 있다는 사실을 깨달았기 때문이다. 또 다른 기기를 충전하는 것도 성가신 일이라는 사실과 함께 말이다.

만일 2주 후에도 인생을 바꿀 만한 이 멋진 물건을 가지고 싶은 마음이 여전하다면 어떻게 해야 할까? 걱정하지 않아도 된다! 죄책감은 버리고 사도 좋다. 의식적인 지출은 자제력을 발휘하는 행위가 아니라, 충동적으로 구매했다가 나중에 후회하는 일이 없도록 도와주는 장치다.

기다림은 딱 2주가 딱 적당하다. 일주일은 뜨거운 구매 욕구를 느긋하게 참을 수 있지만, 한 달은 참고 기다리기에 너무 길다. 이 방법을 실험해보고 자신에게 가장 잘 맞는 기간을 찾아보길 바란다.

4단계: 일회성 지출 점검하기

불필요한 지출은 과감하게 지워버리자. 이제 매달 지출에서 상당한 금액을 줄이면서도 중요하다고 판단되는 지출을 포기하지 않아도 되는 흥미로운 단계에 진입했다.

이 단계에서는 지난 몇 달 동안의 은행 거래 내역을 살펴보고 줄이거나 아예 없앨 수 있는 지출을 파악한다.

구독 서비스처럼 매달 청구되는 비용은 절감하기에 매우 적합한 항목이다. 당장 구독을 해지하면 앞으로 매달 이익을 실현할 수 있기 때문이다. 일회성 비용도 마찬가지다. 예를 들어 지난달 콘서트를 보러 가는 데 든 비용(티켓 120달러, 저녁 식사 50달러, 아이 돌봄 서비스 50달러)에 깜짝 놀라 앞으로는 나들이를 줄이기로 결심할 수 있다.

하지만 기억하자. 삶의 즐거움에 큰 차이를 일으키지 않는 지출만 줄이면 된다. 핵심은 속세의 모든 쾌락을 거부하는 것이 아니라, 불필요한 지출을 제거하는 것이다.

몇 주 동안 정말 고대하던 콘서트였다면 가도 괜찮다. 하지만 우리 모두에게는 습관적으로 돈을 쓰는 항목이 있으며, 가만히 생각해보면 행복의 척도를 좌우하지 않는 지출이 있다.

이런 지출만 절제해도 의식하지 않은 사이에 지출의 10퍼센트를 줄일 수 있다. 일정 금액을 줄이겠다는 구체적인 목표를 세우는 것도 좋다.

이른바 '일회성' 지출 점검은 결코 일회성으로 끝나지 않는다. 시간이 지나면서 불필요한 지출이 잊을 만하면 발생하므로 1년에 한 번은 점검할 필요가 있다. 기억하기 쉽게 매년 생일에 점검해도 좋다(농담이다. 내가 그 정도로 구두쇠는 아니다).

5단계: 가장 큰 '고정비용'을 평가하기

앞서 언급했듯, 고정비용은 거의 모든 사람의 지출에서 대부분을 차지한다.

고정비용을 줄이기는 쉽지 않지만, 비용 절감이 미칠 영향은 엄청나다. 예를 들어 주택비용이 지출의 30퍼센트를 차지한다고 가정해보자. 만약 주택비용을 3분의 1로 줄일 수 있다면 순식간에 전체 지출을 10퍼센트나 아낄 수 있게 된다. 절감한 비용을 커피값으로 환산하면 어마어마한 양일 것이다. 이 논리는 어린이집 비용, 교통비를 비롯해 각자의 상황에서 발생하는 다른 큰 고정비용에 적용시킬 수 있다.

이 단계는 마치 브레인스토밍을 하듯 자유롭게 구상해도 좋다. 즉, 고려할 수 없는 건 아무것도 없다. 현재의 사고방식에서 벗어난 다소 우스꽝스러운 극단적인 생각('나는 회사 책상 밑에서 생활하며 먹고 잘 수 있는데')에서 시작해 좀 더 온건한 생각('자전거로 출퇴근할 수 있는 직장을 찾으면 한 달에 200달러를 절약할 수 있어')으로 되돌아가는 과정에서 종종 훌륭한 아이디어가 샘솟는다.

이 단계를 마칠 즈음에는 다음과 같은 방법을 떠올릴지도 모른다.

- 가능하다면 더 저렴한 주택담보대출로 전환한다.

- 교통비를 줄이기 위해 직장에서 가까운 동네로 이사하거나 집에서 가까운 직장을 찾는다.
- 재택근무를 더 자주 할 수 있는 직장을 찾는다.
- 자동차나 지하철 대신 자전거로 출퇴근한다.
- 생활비가 더 저렴한 나라나 지역으로 이주한다.
- 아이 돌봄 서비스를 많이 이용하지 않도록 업무 방식을 바꾼다.

마음만 먹으면 다른 선택지도 많을 것이다. 하지만 그 어느 것도 쉽지는 않을 것이다.

이 단계에서 핵심은 삶의 즐거움을 너무 포기하지 않으면서 비용을 절감하는 것이다. 예를 들어 생활비가 더 저렴한 지역으로 이사할 경우 불행해질 가능성이 있다면, 이사하지 않는 편이 낫다. 하지만 지금의 생활방식은 오랫동안 무작위로 일어난 일련의 사건과 당시에 내린 최선의 판단을 토대로 택한 것일 가능성이 높다. 따라서 지금 시점에서 새로운 관점으로 고정비용을 다시 살펴보고, 실행할 수 있는 여러 선택지 목록을 작성해보는 작업이 필요하다.

6단계: 먼저 저축하기

이미 완벽하게 지출을 조절하고 있지 않는 한 앞서 언급한 다섯 단계를 거친 후에는 더 많은 돈을 투자할 여유가 생길 것이다. 이제 그 여분의 자금을 투자로 전환하는 과정을 자동화할 차례다. 무엇보다 급여를 받자마자 가장 먼저 실행하는 것이 중요하다.

'먼저 저축하기'라는 개념은 100년 넘게 이어져온 원칙이다. 방법은 간단하다. 급여를 받자마자 저축하고 싶은 금액을 예금 계좌로 자동 이체하는 것이다. 눈에서 멀어지면 마음에서도 멀어지는 법이다.

이 방식은 꽤 실용적이다. 저축을 일종의 청구서처럼 취급한다면, 저축을 먼저 떼어놓고 남은 돈으로 생활해야 하니 지출이 제한될 수밖에 없다. 이미 계좌에서 돈이 빠져나갔기 때문에 월말에 돈을 펑펑 쓰는 것을 방지할 수 있다.

이는 심리적인 측면에서도 중요하다. 다 쓰고 가장 마지막에 남은 돈을 저축하는 사람은 저축을 우선순위에서 가장 낮게 매기고 있다는 것을 암묵적으로 보여준다. 여윳돈이 있다면 저축하겠지만 필수는 아닌 셈이다. 저축부터 하는 것은 이와 정반대다. 필수 생활비를 지출하기도 전에 저축(그리고 투자)을 한다는 것은 당신이 재정적 미래를 우선순위에 둔다는 것을 의미한다.

이때 핵심은 예금 계좌로 돈이 빠져나가는 것을 기쁘게 받아들이는 데서 진정한 힘이 발휘된다. 저축은 목표로 하는 미래로 나아가는 발걸음을 의미한다. 대부분의 은행에서는 자동 이체에 설명을 덧붙이는 기능을 제공한다. '자유 펀드', '인생 업그레이드 배당금' 등 흥미롭고 동기부여가 되는 메시지로 자동 이체 이름을 설정하면 어떨까?

'먼저 저축하기'는 그 원리를 알고 있어도 효과가 사라지지 않는 심리 전략이다. 나는 이 단순한 사고의 전환으로 투자를 바라보는 관점이 완전히 바뀌었다. 이제 투자는 자동으로 이루어지는 피할 수 없는 행위이며, 나머지 모든 요소가 투자에 맞춰 조정되어야 한다.

저축 금액은 얼마가 적절할까? 단언컨대 자기 학대가 되지 않는 선에서 '가능한 한 많이' 저축하는 것이 좋다. 하지만 저축 금액을 지나치게 높게 잡은 탓에 월급날을 일주일 앞두고 어쩔 수 없이 예금을 깨야 한다면, 의욕이 떨어지고 모든 노력이 물거품이 될 것이다. 그러니 처음에는 소액으로 시작하자. 저축을 아예 안 하는 것보다는 10달러라도 하는 편이 낫다. 그런 다음 매달 금액을 늘려나갈 방법이 있는지 살펴보자. 어느 시점이 되면 흔히 저축 비중으로 거론하는 10퍼센트, 더 지나면 그 이상을 목표로 삼고 싶어질 것이다. 당장 저축 목표를 달성하기가 어렵더라도 몇 가지 간단한 조치를 취한다면 생각보다 빨리 그 목표에 도달할 수 있다. 이는 뒤에서 자세히 다룰 것이다.

3가지 금융 지렛대의 비밀

그동안 당신은 이상적인 삶을 꿈꿔왔을 것이다. 요트는 절대 포기할 수 없는 취미이고, 개인 맞춤 셰프는 맛있는 음식으로 큰 기쁨을 안겨줄 것이며, 집에 소장한 대가들의 미술 작품은 하루하루를 빛나게 해줄 것이다.

좀 더 현실적으로 말하자면, 당신은 이미 값비싼 취미를 즐기고 있을 수도 있다. 아니면 물가가 비싼 지역에서 가족이나 친한 친구들과 어울리며 살고 있어 쉽게 떠날 수 없을 수도 있다. 그래도 괜찮다. 저축은 꼭 필요한 첫 단계이기는 하지만, 재정 상태를 통제하기 위해 사용하는 가장 약한 지렛대이기 때문이다.

왜 그럴까? 현재 소득이 연간 5만 달러인데, 남김없이 모두 쓰고 있다고 가정해보자. 목표는 매년 1만 달러를 남겨 투자하는 것이다. 소득이 일정할 경우, 지출을 20퍼센트나 줄여야 한다는 뜻이다. 과연 목표를 달성할 수 있을까? 물론 가능할 수도 있다. 하지만 그 과정은 그다지 즐겁지 않을 것이다.

그 대신, 1만 달러를 더 벌고 지출을 그대로 유지하는 방법이 있다. 이것은 새로운 기술을 익히거나 더 많은 보수를 주는 직종에 지원하는 것처럼 비교적 간단한 방법일 수 있다. 그러면 기존 생활방식을 포기하지 않고도 목표를 달성할 수 있을 것이다. 게다가 이론적으로는 계속해서 수입을 늘려 연간 10만 달러를 버는 것도 불가능하지 않다. 이제 연간 5만 달러를 저축할 수 있다. 소득이 늘지 않았다면 이 목표는 절대 달성할 수 없었을 것이다. 아무리 외출을 줄이고, 할인 쿠폰을 사용하고, 스트리밍 서비스를 취소해도 지출을 줄이는 데는 분명히 한계가 있기 때문이다.

다시 말해 소득을 계속 늘릴 방법이 있다면 오늘 저축하는 금액에 대해 너무 걱정할 필요가 없다. 예를 들어 현재 5만 달러를 벌고 있고 소득의 10퍼센트인 5,000달러를 저축하라는 일반적인 조언을 따르는 상황을 가정해보자. 내년에 연봉이 5만 5,000달러로 오르고 10퍼센트 규칙을 고수한다면 5,500달러를 저축하고도 4,500달러를 더 지출할 수 있게 된다.

만약 연봉 인상분을 소비와 저축에 50 대 50으로 나눠 할당하면 어떻게 될까? 그러면 마음껏 쓸 수 있는 여윳돈으로 2,500달러가 생기며, 연간 5,000달러가 아니라 7,500달러를 저축하게 된다. 소비를 줄이지 않았는데도 저축률이 10퍼센트에서 13.6퍼센트로 올라간다. 이전보다 더 많이 지출할 수도 있다. 다음에 소득이 더 늘어났을 때도 똑같은 방법을 적용할 수 있다. 저축액을 높이면서도 당장 쓸 수 있는 여윳돈도 더 늘어나게 된다.

돈을 더 많이 벌라는 말은 자칫 쓸모없는 조언으로 들릴지 모르지만, 의식적인 지출과 결합하면 금전적으로 더 나은 생활을 영위하는 궁극의 묘책이다. 따라서 이 책의 나머지 장에서는 돈을 절약하는 것이 아니라 더 많이 버는 방법에 초점을 맞출 것이다.

나는 사람들의 재정 상태가 세 가지 금융 지렛대를 이용한 결과물이라고 생각한다. 각 지렛대가 제대로 작동할 때 목표를 달성할 수 있다. 첫 번째 지렛대는 이 장의 주제인 '저축'이다. 저축은 매우 중요한 첫걸음이지만, 앞서 살펴봤듯이 가장 효과가 떨어지는 방법이다. 두 번째 지렛대는 '투자'다. 투자는 투자자의 직접적인 개입 없이 돈을 불릴 수 있다는 점에서 상상력을 자극한다. 배당금을 받거나 부동산을 사들여 임대 소득을 버는 것은 번거롭게 회사에 출근해 일하지 않고도 돈을 벌 수 있는 두 번째 직업을 갖는 것과 같다. 투자가 항상 성공하는 건 아니지만, 결국에는 양호한 결과를 불러올 수 있다. 3장부터는 과도하게 위험을 감수하지 않으면서 현명하게 투자하는 법을 살펴볼 것이다.

마지막으로, 가장 강력한 지렛대는 다음 장에서 살펴볼 '소득'

이다. 이는 투자보다 훨씬 강력한데도 재테크 조언으로는 간과되기 쉽다. 저축이 지금처럼 불리한 적은 없었다. 하지만 다행히 지금은 소득을 늘리기에 더할 나위 없이 좋은 시기다.

현명한 지출을 위한 6단계 프로세스

1. 예산표에 작별을 고하라
예산 세우기보다 의식적인 지출이 훨씬 효과적이다.

2. 지출의 흔적을 남겨라
돈을 쓸 때마다 기록해 일상적인 지출을 추적하면 자연히 지출이 줄어든다.

3. 욕망의 냉각기를 설정하라
큰 금액의 지출은 2주 동안 기다려서 충동구매를 방지한다.

4. 반복되는 누수를 찾아내라
출금 내역을 검토해 줄일 수 있는 지출이 있는지 파악한다.

5. 거대한 지출 항목을 평가하라
주택, 교통, 보육 등 비중이 큰 비용을 최적화한다.

6. 자신에게 먼저 지불하라
급여를 받자마자 일정 금액이 저축 계좌로 빠져나가도록 자동 이체한다.

"저축은 부를 창출하는 엔진이 아니라 안전망이다.
지출 습관을 최적화한 후 소득 증대와
현명한 투자로 진정한 부의 여정을 시작하라."

2장
조기 은퇴

40대에 은퇴하겠다는 위험한 착각

← 오해

오늘 열심히 일한다면, 은퇴는 당신이 받을 보상이 될 것이다.

진실 →

열심히 일하지 않아도 영원히 돈을 벌 수 있는 방법을 찾는 것이 더 현실적이고 더 만족스럽다.

영국 카디프에 사는 루크 피터드는 23세에 복권에 당첨되었다. 당첨금은 무려 130만 파운드에 달했다. 그는 일하던 맥도날드를 곧바로 그만두었다. 현명하게 투자한다면 평생 일하지 않아도 풍족하게 살 수 있는 큰 금액이었기 때문이다.

그는 처음에 일하지 않고 인생을 즐길 계획을 세웠지만, 현실은 예상과 달랐다. 몇 달 지나지 않아 루크는 호화로운 삶이 다소 지루하게 느껴지기 시작했다. "솔직히 노는 데도 한계가 있어요. 저는 아직 젊고, 적당한 노동은 오히려 삶에 활력소가 되죠."[1]

결국 그는 예전 직장으로 돌아갔다. "일하는 걸 좋아해요. 친구들도 모두 여기서 일하고요." 유일하게 달라진 점은 출퇴근할 때 택시를 탄다는 것이다.

루크 같은 사람이 또 있다. 마크 브루드넬도 복권에 당첨되어 거의 100만 파운드를 받았다. 첫 3년 동안 그는 호화로운 생활을 즐기며 전 세계를 여행했다. 그러나 곧 따분해져 이중유리 사업을 시작했다. 마크는 예전보다 더 많은 시간을 일하며 사업에 전념하고 있으며[2] 남은 복권 당첨금은 일절 건드리지 않고 있다.

복권에 당첨되어 750만 파운드를 받은 로이 지브니는 이렇게 말했다. "14년 동안 일을 안 했더니 지루했어요. 결국 금속 가공 사업을 시작했고, 일을 쉴 때보다 훨씬 건강하고 행복해졌죠."[3]

복권 당첨자의 3분의 1이 창업에 나섰고, 또 다른 3분의 1은 다시 직장인의 삶으로 돌아갔다.[4] 돈을 몽땅 써버렸기 때문이 아니다. 돈을 떠나서 일은 삶에 의미를 부여하고 사회적 관계에 대한 근본적인 갈증을 채워준다.

이런 시각은 되도록 빨리 직장 생활에서 벗어나려는 사람들에게 뜨거운 논쟁거리가 될 것이다. 경제적 자립Financial Independence과 조기 은퇴Retire Early를 삶의 목표로 삼는 사람들을 의미하는 파이어FIRE족은 2007~2008년 금융위기 이후 소수가 추구하던 생활방식에서 전 세계적인 유행으로 확대되었다. 파이어족은 10~20년 동안 미친 듯이 일하고 소득의 대부분을 저축해 자산을 축적한 다음, 일을 그만두고 그동안 모은 자산으로 남은 인생을 즐기자고 말한다. 일반적인 직업 경로를 누구보다 빠르게 밟아나가는 것이 그들의 계획이다. 그들처럼 남들보다 훨씬 많은 돈을 저축하면(그들이 소득의 50퍼센트 이상을 저축하는 것은 드문 일이 아니다) 60세보다 훨씬 이른 40세에 조기 은퇴할 수 있다.

하지만 경제적 자립과 조기 은퇴에 성공한 사람들이 깨달은 사실이 있다. 자기 절제나 금융시장의 실적이 은퇴 후의 모든 것을 해결해주지는 않는다는 점이다. 남보다 높은 지위에서 많은 보수를 받고 있으면서도 조기 은퇴를 꿈꾸는 의욕적인 사람은 수십 년 동안 내내 휴식을 즐길 수는 없다는 게 문제였다. 전형적인 파이어족의 성공 사례인 한 51세 파이어족은 블로그에 이런 글을 올렸다. "저는 조기 은퇴라는 꿈을 이루었습니다. 그런데 이제 일터로 돌아가는 꿈을 꿉니다."[5] 그는 은퇴 후 배드민턴을 치기 시작하고, 동네 독서 모임에 가입하고, 지역사회에서 정원 자원봉사를 하며 1년을 보내다가 다시 직장으로 돌아갔다.

오해하지 말기 바란다. 나는 싫어하는 일을 그만두고 가능한 한 빨리 경제적으로 자립하는 데 집중하자는 파이어 운동의 철학에는 전적으로 동의한다. 하지만 이 철학에는 치명적인 결점이 있다. 파이어 운동은 다수가 기대하는 만큼 은퇴가 장밋빛 미래가 아니라는 점을 간과한다. 오히려 은퇴는 정신 건강에 심각한 해를 끼칠 수 있다는 사실이 수많은 학술 연구를 통해 밝혀졌다.

일례로 뉴욕주립대학교 빙엄턴의 연구진은 도시 지역과 달리 체계적인 연금 제도를 누릴 수 없었던 중국 농촌 지역의 데이터를 분석했다.[6] 2009년부터 모든 농촌 지역에도 연금 제도가 도입되기 시작했다. 하지만 점진적으로 도입되다보니 완벽한 자연 실험이 되었다. 갑자기 은퇴가 가능해진 장년층과 그렇지 못한 장년층으로 자연스레 나뉘게 된 것이다. 물론 연구진은 은퇴한 사람들이 그렇지 않은 사람들보다 더 행복하고 건강한 삶을 살 것으로 예상했다.

하지만 현실은 달랐다. 1만 7,000여 명을 분석한 결과, 연금 제도가 도입된 지 10년이 흐른 후 추가로 연금 지원을 받은 지역에서 인지기능 저하 비율이 급증한 것으로 드러났다. 악화된 건 인지기능뿐만이 아니었다. 사람들의 기분도 영향을 받았다. 한 연구원은 "연금 제도가 영양과 수면에 미치는 긍정적인 효과보다 은퇴가 사회 활동에 미친 부정적인 영향이 훨씬 큰 것으로 보인다"라고 결론지었다. 종합해보면, 복권 당첨자들의 이야기가 그리 놀라운 것이 아님을 알 수 있다. 최근 《이코노미스트》가 요약한 바에 따르면, 은퇴는 종종 '소득, 목적, 또는 (가장 가슴 아프게도) 삶의 의미 상실'로 이어진다.[7]

그럼에도 불구하고 은퇴를 열망하는 삶을 살아야 한다는 대중의 믿음은 여전히 확고하다. 영국과 미국에서는 퇴직연금 수령 연령을 65세에서 67세로 높이는 정책을 추진했으나 저항에 부딪혔다. 2023년 프랑스 정부가 연금 수령 연령을 62세에서 64세로 높이려 하자 100만 명 이상이 거리 시위에 나섰다. 각국 정부가 은퇴 연령을 늦추려 애를 쓰고 있지만, 대중의 일반적인 인식은

60대 중반도 이미 늦다는 것이다. 1981년부터 1996년 사이에 태어난 밀레니얼 세대 미국인을 대상으로 실시한 조사에서는 이상적인 은퇴 연령이 61세로 나타났다.[8]

조기 은퇴 혹은 적어도 비교적 이른 은퇴를 궁극적인 목표로 삼는 사람이 많다. 그런데 꼭 빨리 은퇴해야 할까? 앞 장에서 살펴보았듯이, 소득은 세 가지 금융 지렛대 중 가장 강력한 수단이다. 따라서 조기 은퇴를 원한다는 것은 소득을 최단기간에 벌어야 하고, 이 지렛대의 힘을 활용하는 기간이 그만큼 줄어든다는 것을 의미한다. 기나긴 고된 노동 없이 돈을 버는 방법을 찾을 수 있다면, 일하는 삶을 훨씬 보람차고 더 큰 수익을 올리는 수단으로 바라보게 될 것이다.

복권 당첨자들이 일터로 돌아가는 이유

일을 그만두면 무료할 뿐 아니라 사회적으로 고립되어 정신적으로 퇴화될 수 있다는 말이 처음에는 이상하게 들릴 수 있다. 그러나 100년 전에 살던 사람에게는, 질병이나 부상 때문에 어쩔 수 없이 일을 못하게 된 것이 아니라, 자발적으로 일을 그만둔다는 개념이 더 이상하게 느껴졌을 것이다. '은퇴'라는 개념은 인생의 독립된

한 단계로 확고하게 자리 잡은 듯 보이나, 의외로 최근에 등장한 개념이다.

특정 연령에 이른 사람에게 모두 지급되는 기본 연금은 1883년 독일에서 처음 도입되었다. 영국은 1908년에 처음 국가 연금을 도입했다. 연금 수령 연령이 70세였기 때문에 당시 연금을 받을 만큼 오래 산 사람은 네 명 중 한 명에 불과했다. 미국의 경우 1935년 사회보장법이 도입되기 전에는 대규모 은퇴에 대한 별도의 연방 규정조차 없었다.

그러나 짧은 기간에 은퇴가 빠르게 확산되기 시작했다. 1930년까지만 해도 65세 이상 남성의 58퍼센트가 여전히 일을 했지만, 2000년에는 그 수치가 17.5퍼센트로 떨어졌다.[9] 그런데 그 기간에도 수명은 늘어나고 있었다. 1930년 당시 65세 남성의 남은 기대수명은 통계적으로도 12년에 불과했지만, 지금은 20년으로 예상된다.[10] 현재 영국 여성의 기대수명은 89세로,[11] 이때쯤이면 거의 30년 동안 은퇴 생활을 해온 것으로 볼 수 있다.

인류는 그간 은퇴 생활이 거의 없던 시절을 살았다. 그러나 불과 한 세기가 지나면서 죽기 전 인생의 3분의 1을 일하지 않고 보내는 것이 삶의 표준이자 열망이 되었다.

사회적 차원에서 볼 때 이것은 분명히 지속 불가능한 일이다. 1955년 미국에서는 은퇴자 한 명당 노동 가능 인구가 8.6명이었다. 2013년에 이 수치는 2.8명으로 줄었다.[12] 급여명세서에 사회보장이나 국민연금과 같이 왠지 안심이 되는 항목의 공제 금액이 찍혔다고 해서 노후를 위해 따로 저축하고 있다는 생각은 하지 않는 것이 좋다. 지금 당신이 지불하는 모든 금액은 현재 퇴직연금을 받는 사람들의 몫으로 돌아간다. 당신의 은퇴는 정부가 시스템 붕괴 없이 계속 늘어나는 부채에 새로운 부채를 성공적으로 추가할 수 있는지에 달려 있다. 새로운 부채는 후에 당신에게 연금을 지급하는 데 사용되고, 결국 그 부담은 미래 세대가 짊어지게 될 것이다.

개인적인 차원에서도 은퇴 기간이 길어질수록 상당한 저축과 대단히 높은 투자 수익이 필요하다. 60세에 은퇴하려면 40년 동안 일해 30년을 더 버틸 수 있을 만큼 충분한 돈을 벌어야 한다. 이는 최근에 은퇴한 사람들에게도 큰 도전이다. 수십 년 동안 이어진 저금리 추세에 힘입어 비교적 높은 투자수익률을 올렸을지라도 말이다. 하지만 이런 추세가 꺾이고 미래의 수익률이 예전보다 낮아질 가능성이 있으므로 30년을 버틸 자금을 마련하는 것은 불가능해 보인다.

가령 이전 세대는 35세에 25년 만기 주택담보대출을 받은 경우, 60세가 되기 전에 대출금을 전액 상환할 수 있었다. 하지만 현재 일반적인 주택담보대출 조건은 금리가 더 높지만 대출금 상환액을 어느 정도 감당할 수 있는 수준으로 유지하기 위해 상환 기간을 더 길게 잡는 편이다. 이렇게 되면 60세 이전에 대출금을 전부 갚을 수 있을지도 불투명하다.

물론 죽을 때까지 일주일에 40시간씩 일하고 싶은 사람은 드물 것이다. '70세에 일을 안 하면 지루해 미칠 거야!'라는 말은 활기 넘치는 30대에게는 미덕으로 들리지만, 실제로는 우리 누구도 얼마나 오랫동안 건강을 유지할 수 있을지 모른다.

하지만 경제적 이유로만으로도 지난 세기는 역사를 통틀어 이례적인 시기로 남게 될 가능성이 크다. 당시 사람들은 인생의 마지막 수십 년을 온전히 여가를 즐기며 보내겠다고 기대했으니 말이다. 이런 현상은 경제적·인구학적 조건이 맞물린 덕분에 가능했는데, 이제 그런 시기는 지나갔으며 앞으로 다시는 경험할 수 없을지 모른다.

많은 사람이 40번째(또는 66번째) 생일이 지나도 일을 그만두지 못할 것이다. 하지만 올바른 방식으로 소득에 접근한다면 길어진 노동 기간을 절망보다는 흥분의 원천으로 인식하게 될 것이다.

1장에서 다룬 저축에 대한 지나친 강박과 마찬가지로, 조기 은퇴에 대한 집착도 과거에는 적절한 조언이었다. 하지만 세상이 변하면서 이제는 위험할 만큼 부적절한 조언이 되어버렸다. 사람들이 주로 육체노동을 하던 시절에는 기한을 확정하는 것이 합리적이었다. 하지만 이제 대부분이 정신적·사회적 기여도에 따라 보수를 받고 있고 기대수명도 길어졌다. 일을 하지 않으면서 수십 년에 걸쳐 인생의 황금기를 보낸다는 발상은 사회적으로 지속가능하지 않을 뿐만 아니라 개인적으로도 바람직하지 않다.

업무 자체는 거의 문제가 되지 않는다. 진짜 문제는 전일제 근무 때문에 아이들의 취침 시간을 놓치는 것, 억지로 참으며 사람들에게 상냥하게 대하는 것, 자신의 운명이 타인의 손에 달린 상황에서 스트레스를 받는 것이다. 파이어족은 부분적으로 옳았다. 경제적 자립은 분명 훌륭한 목표다. 하지만 그들이 제시한 두 번째 목표인 조기 은퇴는 그렇지 않을 가능성이 크다.

진정한 해결책은 최대한 빨리 직장에서 벗어나거나 복권에 당첨되기를 간절히 기도하는 것이 아니라, 소득 창출이 가능한 삶을 지속할 방법을 찾는 데 있다. 우리는 돈을 버는 일을 포기해선 안 되며, 모든 시간을 빼앗기지 않으면서 소득을 낼 방법을 찾아야 한다. 다행히 70대를 훌쩍 넘긴 후에도 계속 돈을 벌 방법이 있다. 흔히 은퇴 생활을 기대할 때 떠올리는 여가와 자유 시간은 물론이고 개인적 만족과 정신적 보상까지 누릴 수 있다.

돈과 시간의 연결고리를 끊는 법

소셜 커뮤니티 플랫폼 레딧Reddit에는 '오버임플로이드Overemployed (이중취업)'라는 회원 수 27만 9,000명에 달하는 커뮤니티가 있다. 이 커뮤니티 회원들은 일주일의 절반만 들여도 자기 업무의 기본 요건을 충족시킬 수 있음을 깨닫고는 나머지 절반을 채우기 위해 부업을 시작하기로 했다. 이들은 다른 사람들처럼 소셜미디어를 스크롤하는 데 시간을 낭비하지 않는다.

어떤 사람들은 한 걸음 더 나아갔다. 한 회원은 네 개의 직업을 가졌다가 "회의가 너무 많다"고 불평하며 그중 하나를 그만두었다. 또 다른 회원은 기술 업계에서 '정규직' 다섯 개를 확보했고, 모두 합쳐 거의 100만 달러에 가까운 연봉을 받는다. 한 사용자는 이 커뮤니티 게시판의 분위기를 이렇게 요약했다. "완벽할 필요도, 최고가 될 필요도 없다. 그냥 적당히 느긋하게 일하면 된다."

물론 이것이 가능한 이유는 그들이 은밀하게 일하고 있기 때문이다. 상사가 그들이 얼마나 효율적으로 업무를 처리하고 있는지 알게 되면 기뻐하기는커녕 아마 충격을 받아 근무일과 급여를 절반 수준으로 줄이려 할 것이다. 이런 정서는 이해할 만하다. 대부분은 본능적으로 두 가지 일을 동시에 하는 것이 잘못되었다고 느낀다. 하지만 곰곰이 따져봤을 때 두 군데 이상의 회사를 동시에 만족시킬 만큼 정규직으로서 충분히 가치를 제공할 수 있다면 그것이 왜 문제가 될까? 전력을 다해 일하지 않는다고 해서 잘못은 아니다. 상사가 만족하는 상황에서 그들이 왜 더 많은 일을 달라고 요구하거나 가만히 자리에 앉아 퇴근 시간만을 기다리며 시간을 축내야 할까?

두 가지 직업을 동시에 해내는 것이 부도덕하게 느껴지는 이유는 '시간이 곧 돈'이라는 인식이 머릿속에 깊이 박혀 있기 때문이다. 보통 일한 시간만큼 보상을 받거나 일정 시간 근무한다는 가정 하에 급여가 지급된다.

그런데 왜 제공하는 노동의 가치가 아닌 일한 시간에 따라 급여가 결정되어야 할까? 자동차가 고장 났는데 정비사가 5분 만에 고쳤다고 해보자. 당신은 '합리적으로' 시급을 계산해서 12분의 1만큼만 지급하려 하지 않을 것이다. 오히려 신속하게 고쳐준 정비사에게 고맙다며 그가 부르는 대로 기꺼이 돈을 낼 것이다. 가수 에드 시런Ed Sheeran은 불과 30분 만에 작곡한 '싱킹 아웃 라우드Thinking Out Loud'로 수백만 달러를 벌었다. 이게 불합리하게 느껴지는가? 만약 몇 주 동안 고생해서 만든 곡이라면 사람들은 그만큼 더 열광적으로 반응할까?

이 사례들은 일, 소득, 은퇴를 바라보는 새로운 사고방식을 보여준다. 은퇴 목표를 임의로 설정하지 않고도 돈을 손쉽게 벌어들일 방법이 있다. 바로 시간과 돈의 연결고리를 완전히 끊어내는 것이다.

연결고리를 끊는 열쇠는 내가 세운 '영향력 방정식Impact Equation'에 있다. 영향력 방정식에 따르면, 당신의 소득은 당신이 제공한 가치와 그 가치를 제공받은 사람 수를 곱한 값이다. 자동차를 수리하는 것은 차주에게 가치 있는 일이고, 빨리 고치는 것이 천천히 고치는 것보다 더 가치 있다. 대중음악은 한 개인에게 미치는 영향은 미미할지 몰라도 시간이 지나 수백만 명에게 퍼져나가면 그 영향력이 급속도로 배가된다.

같은 수의 사람에게 더 많은 가치를 제공하거나, 더 많은 사람에게 같은 양의 가치를 제공하면 더 큰 소득을 올릴 수 있다. 더 많은 사람에게 더 많은 가치를 제공할 수 있다면 더욱 이상적이다.

나는 이 방정식이 제대로 작동하지 않는 경우도 있다는 것을 인정한다. 많은 사람에게 봉사하는 간호사와 교사를 떠올려보자. 그들만큼 타인의 삶에 긍정적인 영향을 직접적으로 미치는 직업군도 드물 것이다. 그러나 일반적으로 페라리 같은 값비싼 자동차를 살 수 있을 만큼 많은 돈을 벌기는 어렵다. 고용이라는 제약으로 인해 영향력 방정식이 적용되지 않기 때문이다. 고용 제약으로 인해 왜곡, 불공정, 관습, 그리고 수백 가지 다른 요인들이 작용하면서 가치가 과소평가되거나 인정받지 못하고, 그

가치를 창출한 사람이 아닌 다른 누군가에게 혜택이 돌아갈 수 있다.

하지만 전통적인 고용 방식에서 탈피하면 영향력 방정식을 활용해 훨씬 많은 돈을 벌 수 있다. 심지어 오랜 기간 가장 저평가된 직업군에서도 가능하다. 예를 들어 레이첼 아쿠르소Rachel Accurso는 다른 유치원 교사들과 거의 비슷한 일을 한다. 그러나 활동 영역이 다르다. 그녀는 유튜브에서 '미스 레이첼Ms Rachel'이라는 이름으로 활동한다. 구독자 수는 700만 명에 달하며, 연 소득은 최대 1,500만 달러로 추정된다.[13] 그녀는 디지털 배포 방식 덕분에 더 많은 사람에게 자신의 가치를 전할 수 있게 되었고, 영향력 방정식을 자신에게 유리하게 전환할 수 있었다.

또 다른 예로 마이크 리나레스Mike Linares가 있다. 그는 한때 로스앤젤레스의 한 병원에서 간호사로 일했는데 전문 자격시험에 여러 번 떨어졌다. 그 과정에서 효과적인 학습법을 발견했고, 부업으로 동료들을 가르치기 시작했다. 더 나은 직업 기회를 얻기 위해 자격증을 취득해야 하는 사람에게는 빨리 합격하는 것만큼 가치 있는 일도 없다. 결국 그의 학습법은 큰 인기를 끌게 되어 현재 연간 100만 달러 이상을 벌어다주고 있다.[14]

레이첼과 마이크는 영향력 방정식을 활용해 시간과 돈의 연결고리를 끊어냈다. 이들은 이제 굳이 열심히 일하지 않아도 된다.

막대한 돈을 벌고 있고, 보통 사람들보다 훨씬 많은 수익을 올리면서도 일을 줄일 수 있다. 휴일을 포기하지 않아도 된다. 이번 주에 일하든 일하지 않든 여전히 돈을 벌 수 있다. 일찍 은퇴할 필요도 없다. 일하는 게 즐겁기 때문에 평생 그 일을 계속할 수도 있다.

물론 그들은 특수한 경우다. 누구나 그들처럼 성공할 수 있는 건 아니다. 하지만 모든 사람이 그들과 같아질 필요는 없다. 일주일에 40시간 가까이 일하지 않고도 지금처럼 돈을 벌면서 일을 즐길 수 있다면, 특정 시점에 은퇴해야 한다는 압박을 계속 느끼게 될까?

경제적 자립을 이루는 3단계 프로세스

'경제적 자립'이라는 말은 근사하게 들린다. 하지만 어떻게 실현할 수 있을까? 나는 경제적 자립을 결과가 아니라 일반적으로 3단계를 거쳐야 하는 일련의 과정으로 생각한다.

1단계: 연결고리 받아들이기

대다수에게 시간과 돈은 떼려야 뗄 수 없는 관계다. 회사에 출근한 후 업무 시간을 채워야만 급여를 받을 수 있거나, 정해진 시간에 사무실에 앉아 있어야 직장을 계속 다니고 연봉도 유지할 수 있다. 재택근무를 하면서 업무 시간에 틈틈이 빨래를 돌릴 수 있다면 운이 좋은 편에 속한다.

하지만 이렇게 규격화된 고용이 꼭 나쁘기만 한 것은 아니다. 일종의 수습 과정이 될 수 있기 때문이다. 급여가 언제 얼마나 들어올지 확실하고, 뛰어난 사람들과 함께 큰 프로젝트에 참여해 능력을 키우고 기량을 갈고닦을 수 있는 시기다. 조기 은퇴를 꿈꾸더라도 대부분이 이 과정에서 혜택을 본다. 명문대를 수석으로 졸업했더라도 막상 직장에 들어가면 처음에는 미숙할 수밖에 없다. 아마 성과만으로 평가를 받는다면 실패할 가능성이 크다. 따라서 어느 정도 여유를 갖고 급여를 받으면서 일을 배우는 시간이 필요하다. 사회 초년생 시절을 넘긴 후에도 직장에서 만나는 사람들에게 배우고, 원하는 기술이나 분야에서 반복적으로 경험을 쌓을 수 있다.

그렇다. 나는 일의 세계를 최대한 긍정적으로 묘사하고 있다. 그런데 직장에서 주어지는 기회에 감사하는 마음으로 사무실에 들어서는 사람은 거의 없다. 오히려 자신이 제대로 인정받지 못한다고 느끼고 사내 정치에 질색하며 불만을 품는다.

하지만 1단계에서 기회를 극대화하는 동시에 2단계로 넘어갈 준비를 할 수 있는 세 가지 방법이 있다.

1. 틀 바꾸기

대부분의 사람은 명시적으로나 암묵적으로나 자신의 경력이 타인의 행동에 영향을 받는다고 생각한다. 그래서 상사가 연봉을 올려주지 않고, 답이 없는 프로젝트에 가로막혀 앞으로 나아갈 수 없고, 수시로 아이디어를 무시당하는 상황에서 더 나은 기회를 잡는 것은 순전히 운에 달려 있다고 여긴다.

만약 당신이 딱 이런 상황이라면 어떻게 해야 할까? 가장 먼저 할 일은 내 경력을 스스로 통제 가능하도록 재구성하고 전략적으로 접근하는 것이다. 당신은 깨어 있는 시간의 상당 부분을 일에 쏟아붓고 있는데, 그 대가로 무엇을 얻고 있는가? 그 대가가 '충분하지 않다'면 당신이 충분히 가치 있는 사람인지, 아니면 현재 잘못된 위치에 있는지 냉정하게 평가해야 한다. 직장에서 보내는 시간은 수습 기간이라는 점을 기억하자. 그 기간을 최대한 활용하는 것은 당신의 몫이다. 직장을 벗어나는 데 필요한 기술을 습득할 책임이 온전히 자신에게 있다면 당신은 어떻게 다르게 행동할 것인가?

학계에서는 개인이 느끼는 이런 책임감을 '경력 자기효능감^{career} $^{self\text{-}efficacy}$'이라고 부른다. 세계 각국에서 실시한 여러 연구 결과를 보면 이 개념이 얼마나 강력한 효과를 발휘하는지 알 수 있다. 독일에서 진행된 한 연구에서는 700여 명을 대학 졸업 시점부터 추적 조사한 결과, 자기효능감이 높은 사람이 7년 후 더 높은 연봉을 받고 업무 만족도도 더 높다는 사실을 발견했다.[15]

이는 자신이 모든 일을 통제할 수 있다고 착각하는 것과는 다르다. 실제로는 타인이 영향력을 행사하고, 어떤 것은 불공평하게 영향을 미친다. 예를 들어 퇴근 후 상사와 술자리를 가지며 친분을 쌓은 사람 때문에 승진에서 밀려날 수 있다.

그렇다고 매일 아침 거울을 들여다보면서 '나는 최고야!'라고 생각할 필요는 없다. 그러나 모든 것을 스스로 통제할 수 있다고 믿고 행동하는 것만으로도 좋은 결과를 얻을 수 있다.

2. 계속 학습하기

시간과 돈의 관계를 끊어내는 건 당신이 개발한 기술의 가치에 달려 있다. 그 가치 중 일부는 경험을 통해 자연스럽게 습득할 수 있다. 하지만 2단계를 빨리 달성하고 소득을 즉각적으로 높이고 싶다면 몇 가지 부분에 더 집중하는 것이 좋다.

그중 하나는 자신의 분야에서 특히 높은 보수를 받을 수 있는 전문 기술을 익히는 것이다. 기술과 소득의 연관성을 다룬 한 글로벌 보고서에 따르면 새로운 자격증을 취득한 IT 전문가의 연봉은 1만 2,000달러 이상 인상될 수 있다.[16] 이는 교육 과정을 수강하거나 독학하는 데 드는 비용을 고려해봤을 때 상당한 이득이라고 할 수 있다. 마찬가지로 프로젝트관리협회Project Management Institute의 보고서에 따르면, 프로젝트 관리 자격증을 갖춘 사람이 그렇지 못한 사람보다 22퍼센트 더 많은 수입을 올리는 것으로 나타났다.[17] 어떤 분야에 종사하든 이와 비슷한 현상이 일어날 가능성이 크다.

여러 역할과 산업을 넘나들며 적용할 수 있는 '소프트 스킬'을 개발하는 방법도 있다. 업무를 효율적으로 수행하는 비전문적인 역량을 일컫는 소프트 스킬은 독자적으로 활동해야 하는 2단계 과업에서 도움이 된다. 캘리포니아대학교의 연구에 따르면, 지능 외의 특성 차이를 감안하더라도 어려서부터 리더십을 발휘한 사람은 성인이 되었을 때 최대 33퍼센트 더 많은 수입을 벌어들이는 것으로 확인되었다.[18] 이와 별개로 미국의 행동분석업체인 탤런트스마트TalentSmart가 4만 2,000여 명을 대상으로 실시한 연구에 따르면, EQ(감성지능)가 높은 직원은 그렇지 못한 직원보다 연평균 2만 9,000달러를 더 많이 벌었다.[19]

어떻게 하면 이런 능력을 개발할 수 있을까? 공식적인 교육 과정을 밟거나 자격증을 취득하는 방법도 있지만, 가장 효과적인 건 독서나 팟캐스트 청취 등의 독학과 직장에서의 학습 기회를 결합하는 것이다. 첫 번째 단계로 틀을 바꾸는 것이 중요한 이유가 바로 여기에 있다. 자신의 경력에 대해 주인의식을 갖게 되면 그냥 지나쳤을 발전 기회를 발견할 수 있기 때문이다.

핵심은 최소한의 추가 학습만으로도 전략적인 조치를 취할 수 있다는 점이다. 미국 노동통계국의 자료에 따르면, 언론인의 중위 임금은 4만 9,300달러[20]인 반면 홍보 전문가의 중위 임금은 6만 6,750달러에 달했다.[21] 두 직업은 매우 유사한 기술이 필요하다. 나는 홍보 분야에서 일한 적이 있는데, 기존 지식과 네트워크를 활용해 '이쪽 업계'로 넘어온 언론인을 많이 보았다.

3. 충성하지 않기

야후 머니 Yahoo Money가 1,800만 건의 고용 기록을 분석한 결과, 직장을 옮긴 사람들이 그렇지 않은 사람들보다 급여를 훨씬 많이 올린 것으로 나타났다.[22] 이유는 쉽게 이해할 수 있다. 회사가 직원을 채용할 때는 조직이 원하는 수준의 기술과 경험을 가진 사람에게 시장 가격을 지급할 수밖에 없다. 하지만 기존 직원을 유지할 때는 관성에 의존할 가능성이 크다. 만약 누군가 현재 직장에서 만족하며 일하고 급여도 인상된다면 다른 회사를 알아볼까? 똑같은 업무라도 다른 회사로 옮긴다면 더 많은 급여를 받을 수 있다는 사실을 알고 있을까?

물론 행복은 중요하다. 지금 일하는 회사가 마음에 든다면 싫어하는 직무를 맡게 될 위험을 감수하면서까지 이직하고 싶지 않을 것이다. 꼭 회사를 떠날 필요는 없다. 계속해서 주변을 둘러보기만 해도 된다. 적극적으로 주변을 둘러보는 것만으로 현재 맡은 직무에서 자신이 받을 수 있거나 받아야 하는 적정 급여 수준을 알 수 있다. 만약 회사가 당신을 대체할 직원을 채용한다면 얼마를 지불해야 할까? 마땅히 받아야 할 만큼의 보상을 받지 못하고 있다면 필요한 조치를 취해야 한다. 다른 회사에서 이직 제안을 받은 후 현재 다니고 있는 회사에 그만큼 급여를 맞춰줄 수 있는지 물어보는 것도 좋다.

단적으로 말하자면 급여 인상의 핵심은 고용주에게 꼭 필요한 존재가 되는 것이다. 어떤 회사든 특별한 직원이 있기 마련이다. 만일 그가 사직서를 제출한다면 CEO는 그날 일정을 취소하고 그의 마음을 돌리려고 설득할 것이다. 우리는 그런 인재가 되는 것을 목표로 삼아야 한다.

이는 결국 다른 사람이 다룰 수 없는(또는 도맡지 않을) 문제를 해결하고 '일을 믿고 맡길 수 있는 사람'이 되는 것을 의미한다. 어떤 사람이 회사에서 초고속으로 승진해 중요한 자리에 올랐다면, 그 이유는 그가 큰 불평이나 불만 없이 매번 업무를 완수했기 때문이다. 그 결과 책임을 져야 할 새로운 영역이 생길 때마다 그에게 일이 돌아간다. 그에게 맡기면 일을 잘 처리할 것이라는 믿음이 있기 때문이다. 때로는 야근을 하거나 한 번도 해본 적 없는 업무를 서둘러 처리하기 위해 애를 써야 할 때도 있지만, 그만큼 고생한 보람이 있었을 것이다. 덕분에 그는 대체 불가능한 존재가 되었다.

　이러한 세 가지 방법을 실천하면 영향력 방정식을 나에게 유리한 방향으로 바꿀 수 있다. 즉, 자신에게 이익이 되도록 더 많은 가치를 더하고 확보하게 될 것이다. 이런 변화가 향후 3~5년 동안 벌어들일 소득에 미치는 영향은 엄청날 것이다. 앞서 말했듯이 소득은 당신이 쓸 수 있는 가장 강력한 지렛대다. 따라서 경력에 대한 신중한 접근방식은 수십 년에 걸친 근검절약이나 투자 전문가로 거듭나기 위해 들인 노력보다 훨씬 더 큰 성취를 가져올 수 있다.

　이 단계를 밟는 것만으로도 당신은 더 많은 돈을 벌고 주도권을 잡는 위치에 서게 될 것이다. 이렇게 달라진 힘의 역학과 넉넉한 보수는 일반적인 은퇴 연령을 넘긴 후에도 행복하게 일할 수 있는 원동력이 된다. 한편 그동안 갈고닦은 기술로 만반의 준비를 갖췄다면 이제 다음 단계로 나아갈 차례다.

2단계: 연결고리 느슨하게 풀기

　스티브 잡스는 애플을 떠나 넥스트를 창업하면서 로고 문제로 고민에 빠졌다. 역시나 최고의 로고를 원한 그는 전설적인 디자이너 폴 랜드Paul Rand를 찾아갔다.

자신의 가치를 잘 알고 있었던 랜드는 보수로 10만 달러를 요구했다.[23] 이 프로젝트에는 컨설팅 서비스도, 수정 작업도 포함되지 않았다. 그는 최고의 시각적 개념을 전달하면 된다고 생각했다. 잡스는 그의 요구를 받아들였고, 랜드는 2주간의 작업 대가로 10만 달러를 받았다(내가 보기에 랜드가 디자인한 로고는 형편없었지만, 그건 별로 중요한 문제가 아니다).

이는 시간과 돈의 연결고리를 끊어낸 극단적인 사례다. 랜드는 한동안 책상에 앉아 정해진 기한 안에 일을 끝마쳐야 했다. 하지만 스티브 잡스에게 보낸 청구서에 자신이 일한 시간을 명시하지는 않았다. 그는 시간이 아닌 결과물을 판 것이다.

이보다는 덜 극단적인 사례로, 이 2단계에서 작업하는 내 친구 리처드를 들 수 있다. 그는 20년 동안 대형 은행에서 재무 관련 업무를 하다가 독립해 컨설턴트로 일하기 시작했다. 그는 여전히 자신의 시간을 팔고 있다. 하지만 일반 직장인과 달리 하루 단위로 시간을 판다. 그동안 결과물로 자신의 가치를 증명했기 때문에 그는 '일당이 비싸지만 믿고 맡길 만하다'는 평가를 받는다.

현재 그는 일주일에 3일 동안 여러 회사를 상대로 컨설팅 서비스를 제공하고, 긴 주말을 보낸다. 계약 기간 사이에 휴가를 넣어

보통 사람은 '은퇴'할 때까지 미뤄야 하는 특별한 경험을 정기적으로 맛본다. 여행을 하는 데 돈이 더 필요하면 잠시 일을 더 많이 맡을 수도 있다. 하지만 여름 내내 그리스의 섬에서 지내기 위해, 일을 더 맡지 않고 오롯이 휴식을 즐긴 적도 있다. 물론 1단계, 즉 경력 초기부터 이 정도의 유연성을 확보하는 경우는 매우 드물다. 당신이 만일 단독으로 결과물을 판매하고 싶다면, 스스로 결과물을 만들어내기에 앞서 타인의 조건에 맞춰 그것을 제공할 수 있다는 걸 확실히 입증해야 한다.

독자적으로 일하는 것이 더 많은 유연성을 가져다주는 것은 아니다. 컨설턴트는 보편적으로 같은 직책에 있는 직장인보다 최소 20퍼센트 이상, 때로는 50퍼센트 이상 더 많은 급여를 받는다. 고용주가 부담해야 하는 세금과 비용으로 인해 이런 격차는 어느 정도 상쇄되지만, 그럼에도 2단계에서 일하면 훨씬 더 많은 소득을 올릴 잠재력을 갖게 된다. 대신 미래에 대한 안정성이 줄어든다는 단점이 있다. 이는 급여 격차가 존재하는 주된 이유다. 무급 휴가와 병가를 보상하고, 일자리를 찾을 수 없는 시간을 메우려면 결국 충분한 금액을 청구해야 한다.

2단계로 확실히 전환하려면 계약직으로 일하는 데 적합한 유형의 일을 해본 경험이 있는지 미리 점검하고 계획을 세워야 한다. 모든 직무가 적합한 것은 아니다. 기업 세계에는 특정 회사의 운영 방식을 따르는 고유한 직무가 많다. 따라서 직원이 아무리 그 직무에 탁월한 능력을 발휘하더라도 다른 고객을 찾는 데 어려움을 겪을 수 있다. 투자은행이나 민감한 정부 기관 등의 고용주는 기밀에 접근할 가능성이 있다는 이유로 직원이 부업을 하거나 퇴사 후 곧장 이직하는 것을 달가워하지 않는다.

따라서 2단계에 가장 적합한 직무는 뚜렷한 결과물을 판매하거나, 널리 이해되고 수요가 많은 서비스를 제공하는 일이다. 딱 들어맞는 것은 프로젝트 기반 업무다. 최종 목표가 명확하면 사내에서 누군가를 고용하는 것이 의미가 없을 때가 많다. 이는 디자인, IT, 마케팅을 비롯한 여러 분야에서 흔히 나타나는 현상이다. 물론 그렇게 보이지 않을 수도 있지만, 전문 영역이 구체적일수록 더욱 적합하다. 구체적인 문제를 해결하기 위해 고용될 수 있는 사람은 극소수이기 때문이다. 예를 들어 내 친구 마크는 대형 은행이 (심각한 수준으로) 의존하고 있는 구식 프로그래밍 언어를 이해하는 능력자다. 아마 전국에서 다섯 손가락에 꼽힐 것이다. 다시 말해 마크는 자신의 가치를 얼마든지 제시할 수 있다. 반면에 그가 다방면에 두루 지식을 갖춘 일반적인 IT 계약직 자리를 찾는다면, 훨씬 복잡한 노동시장에서 더 명확한 보상 체계에 따라 치열하게 경쟁해야 할 것이다.

컨설팅 업무로 전환하기 좋은 직무를 맡고 있다면 가장 쉽게 시작할 수 있는 방법은 현재 근무하는 회사에서 컨설턴트로 고용되는 것이다. 하지만 기존 직무를 넘어서려면 세상에 자신을 적극적으로 알려야 한다. 이를 위해, 불편할 수 있는 '비즈니스 개발'의 영역으로 들어가 업계 사람들과 대화하고, 자신의 전문성과 능력을 알려야만 한다. 대부분의 직무에는 구직을 도와줄 에이전시와 채용 담당자가 존재하지만, 이들에게만 의존하는 것은 바람직하지 않다. 경력이 쌓일수록 새로운 자리를 찾기는 더 수월해진다. 함께 일한 동료를 비롯해 인맥을 늘리면 그들을 통해 일자리를 소개받을 가능성이 더 커진다. 컨설턴트에게 추천과 입소문은 일자리를 찾는 가장 흔한 방법이다. 다소 극단적으로 들릴지 모르지만, 당신도 커리어 기반 소셜미디어 플랫폼인 링크트인LinkedIn을 적극 활용해야 할 수 있다.

  이런 직업적 전환이 간단한 일로 들리지 않기를 바란다. 사실 절대 간단하지 않기 때문이다. 안정적인 수입원을 자발적으로 포기하고 언제 다시 돈을 벌게 될지 모르는 상황에 놓이는 것은 두려운 일이다. 하지만 일단 자리를 잡고 나면 꽤 만족스러울 것이다. 이 단계에 영원히 머물러도 괜찮다. 내 에너지 수준에 맞춰 작업량을 자유롭게 늘리거나 줄이고, 시간을 조절해 하고 싶은 다른 활동도 할 수 있으므로 은퇴를 일회성 '사건'으로 생각할 필요가 없다. 하지만 한 단계 더 도약하고 싶다면 시간과 돈의 연결고리를 완전히 끊어내는 3단계로 나아가야 한다.

3단계: 연결고리 끊기

3단계에 도달하기 위한 핵심 요건은 결과물을 자신이 쓸 수 있는 시간과 완전히 독립된 형태로 전달할 수 있어야 한다는 것이다.

예를 들어 어깨 통증을 전문으로 하는 물리치료사라면 환자의 승모근을 엄지손가락으로 풀어주는 대가로 받을 수 있는 보수가 한정되어 있다. 하루에 받을 수 있는 환자 수도 마찬가지다. 자칫 무리했다가는 손이 심각하게 붓고 통증을 느낄 것이다.

반면 전문가가 자신이 아는 지식을 책으로 엮어 일반인도 집에서 간단한 도구를 사용해 비슷한 치료법을 따라 하며 동일한 효과를 볼 수 있도록 돕는다면 어떨까? 그렇게 하면 시간과 돈의 연결고리를 사실상 끊어낼 수 있다. 물론 책을 홍보하고 배포하는 데 시간과 노력을 들여야 하지만, 수입에 영향을 받지 않으면서 몇 주 또는 몇 달 동안 휴가를 내는 일이 가능해진다.

더 나아가 자신만의 독특한 '비법'을 공식화해 다른 치료사들을 가르치며 교육비와 라이선스 비용을 받는 방법도 있다. 궁극적으로 여러 사업부와 제품군을 만들고 마케팅, 유통, 운영, 재무를 도와줄 전담팀을 고용할 수도 있다. 넥스트 로고를 디자인한 폴 랜드처럼 아무리 인기가 많은 전문가일지라도, 1년에 벌 수 있는 금액과 꾸준히 활동할 수 있는 기간은 한정되어 있다. 하지만 개인적인 시간과 노력을 투입하지 않아도 되는 제품을 판매하면 그런 제약이 사라진다. 그런 제품을 하나 만들면 그 뒤로는 몇 번이고 판매할 수 있다.

시간과 돈의 연결고리를 끊어낼 방법은 거의 모든 분야에 있다. 레이첼 카튼은 음식과 레시피로 유명한 여러 웹사이트에서 소셜미디어 관련 업무를 맡았고, 이후 2단계로 넘어가 소셜미디어 컨설턴트로 독립했다. 레이첼은 다른 기업들도 자신처럼 성과를 올릴 수 있도록 지원하고, 계속해서 목표를 실현할 수 있도록 지식을 공유했다. 그다음에는 유료 뉴스레터이자 비공개 커뮤니티인 링크인바이오$^{Link\ in\ Bio}$를 만들었다. 그 덕분에 직접 일대일로 시간을 들여 사람들을 가르치지 않아도 같은 지식을 대규모로 전달할 수 있게 되었다. 이것이 3단계다. 현재 그녀는 연간 20만 달러 이상을 버는 것으로 추정된다.[24] 돈을 더 많이 벌고 싶다고 해서 반드시 더 많은 시간을 투입해야 하는 것은 아니다.

포렌식 회계사로 일했던 벤 콜린스를 예로 들어보자. 나는 회계 관련 지식은 없지만, 회계 업무에 스프레드시트가 많이 사용된다는 것은 알고 있다. 콜린스는 직장을 그만두고 기업들을 상대로 구글 시트에서 성과 추적 대시보드를 구축하는 방법을 알려주는 컨설팅 업무를 시작했다. 2년 후에는 이 지식을 토대로 온라인 강좌를 개설했다.[25] 이제 벤은 가족과 산으로 여행을 떠나도 밤낮으로 돈을 벌 수 있게 되었다. 다른 강좌를 만들거나 컨설팅을 하지 않아도 계속 돈이 들어오는 구조를 만들었기 때문이다.

업무와 관련된 기술이나 전달 메커니즘은 분야마다 다르겠지만 핵심 원리는 같다. 성과를 낼 수 있는 분야에서 대중이 무엇을 원하는지를 알아낸 다음, 매번 시간을 들이지 않고도 지식을 전달하는 방법을 찾아내는 것이다.

그렇다고 무언가를 만들고 나면 다시는 일하지 않아도 된다는 뜻은 아니다. 특히 초창기에는 대부분이 이런 종류의 사업을 성장시키고 안정시키기 위해 그 어느 때보다 열심히 일한다. 하지만 1~2단계에서 똑같이 열심히 일하는 것과 비교하면 두 가지 중요한 차이가 있다. 첫째, 들이는 시간에 비해 수입이 극적으로 증가한다. 만약 매출을 10퍼센트 늘리기 위한 마케팅 계획을 세우느라 밤늦게까지 일한다면, 앞으로 수년 동안 10퍼센트 늘어난 수입을 계속 거둘 수 있다. 한 시간 동안 일해서 벌어들이는 잠재적 수입은 수천 달러에 이를 수 있다. 둘째, 이 모든 일을 전적으로 자신의 일정에 맞춰 해낼 수 있다. 벤과 레이첼은 원하는 날짜와 시간에 일할 수 있을 뿐만 아니라, 수입을 포기하거나 타인에게 허락을 구하지 않고도 장기간 휴가를 낼 수 있다.

월 1,000달러(연간 1만 2,000달러)를 벌어들이는 작은 1인 사업체를 설립했다고 가정해보자. 인생이 확 바뀌지는 않을 것처럼 보인다. 하지만 부동산이나 주식시장에 투자해 연 5퍼센트의 수익을 올리는 상황을 가정하면, 월수입 1,000달러는 24만 달러(연간 1만 2,000달러)를 저축하고 투자한 것과 다름없다.

다수에게 전달할 수 있는 결과물을 만들어 월 1,000달러를 버는 것과 24만 달러를 저축하는 것 중에 무엇이 더 빠르고 수월할까? 개인적으로는 훨씬 높은 수준의 통제력을 가진 전자가 더 낫다고 생각한다. 시간과 상관없이 돈을 벌 수 있다면, 시장 성과가 그리 좋지 못하거나 집값이 기대만큼 오르지 않아도 걱정할 필요가 없다.

적게 일하고 많이 벌어라

나는 시간과 돈의 연결고리를 끊는 과정을 이해하기 쉽게 전달하기 위해서 단순하고 예측 가능한 진행 과정으로 설명했다. 그러나 실제는 다르다. 무엇을 시도하든 처음에는 곧바로 성공을 거두지 못할 것이다. 몇 년 동안 어떤 일에 매진하거나 여러 아이디어를 넘나들며 아무런 진전을 이루지 못한다 해도 지극히 정상적이다.

하지만 이것은 양자택일의 문제가 아니다. 일단 대중이 원하는 결과를 만들어낼 능력을 갖췄다면 1단계와 2단계를 동시에 진행하면서 3단계 해결책을 도입할 수 있다. 문제를 해결하는 데는 시간이 걸릴 수밖에 없으므로 일찍 시작할수록 유리하다. 비록 일주일에 몇 시간씩 새로운 기술을 익히고 시장을 조사하고 첫발을 내딛는 것에 그치더라도 말이다.

만일 최악의 상황이 벌어져서 성공이 요원해진다면 어떨까? 그래도 당신은 잃을 게 전혀 없다. 3단계를 시도하면서 배운 기술은 경력에 더 큰 가치를 줄 것이며, 결국 당신은 상대적으로 덜 진취적인 동료들보다 더 많은 연봉을 받는 위치에 올라설 것이다. 시간과 돈의 연결고리를 점진적으로 약화시키고 궁극적으로 완전히 끊어낸다면 은퇴를 둘러싼 모든 우려는 무의미해진다. 극단적인 수준으로 돈을 절약하고 저축할 필요도 없다. 투자 실패를 걱정하지 않아도 된다. 기대만큼 은퇴 생활에서 보람을 느끼지 못해 정신적으로 고통을 겪을 것 같다면 굳이 경력의 사다리에서 내려오지 않아도 된다.

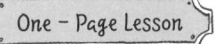

경제적 자립을 이루는 3단계 프로세스

1. 고용의 감옥에서 배울 것을 배워라
시간과 돈의 관계를 인정하고
지금 있는 곳에서 가치 있는 기술을 개발하라.

2. 당신의 시간에 직접 가격표를 매겨라
특화된 전문성을 바탕으로 일의 양과 방식을 스스로 결정하라.

3. 돈이 당신을 위해 일하게 하라
시간을 투입하지 않고도 가치를 전달할 방법을 찾아라.

"진정한 자유는 시간과 돈의 연결고리를 끊어
지금 당장 삶을 즐기면서도
소득을 창출하는 능력에서 나온다."

3장
손실 최소화

'원금 보장'이 안전하다고?

개선　　　유지　　　보호

← **오해**

올바른 투자 방법은
위험을 최대한 줄이는 것이다.

진실 →

'올바른' 투자 방법은 없다.
자신의 동기에 맞는
접근방식을 찾는 것은
전적으로 당신의 몫이다.

2005년 애슈빈 차브라^{Ashvin Chhabra}는 고민에 빠졌다. '최적의' 투자 포트폴리오를 구성하는 방법이 50여 년 동안 널리 알려져 왔는데 왜 아무도 그 방법을 적용하지 않았을까?

차브라는 투자은행 메릴린치의 임원으로 근무했고, 이후 세계에서 가장 성공한 투자자이자 대규모 자선사업가로 꼽히는 고객의 자금을 관리하게 되었다.[1] 투자은행을 찾는 고객들의 상당수는 어떤 기준으로 봐도 이미 돈을 버는 게임에서 승리를 거둔 사람들이었다. 또한 그들이 전문가의 조언을 받고 있다는 점을 고려하면 그들의 투자는 냉철하고 분별 있는 위험 관리를 보여주는 대표적인 사례라고 할 수 있을 것이다.

그러나 사실은 전혀 그렇지 않았다. 이 부유한 고객들은 아무리 재정적·지적 수준이 높더라도 다른 사람들과 마찬가지로 돈을 감정적으로 대했다. 시장이 폭락할 때는 서둘러 위험 자산을 팔고 싶어 했고, 시장이 호황일 때는 탐욕스러워졌다. 은행 예금

이자만으로 충분히 생활할 수 있는데도 계속해서 위험을 감수했다.

이는 더 많은 돈을 갈망하는 일부 부자들의 문제가 아니다. 금융 전문가가 엄선한 주식과 채권에 투자하라고 조언하면, 정중하게 고개를 끄덕이면서도 단기간에 수익을 내기 위해 마치 도박하듯 무작정 시장에 뛰어든다.

왜 그럴까? 수학적으로 '올바른' 투자 방법이 존재하지만, 그것은 사람들이 진정으로 원하는 방식을 완전히 반영하지는 못하기 때문이다. 하지만 차브라가 결국 발견했듯, 투자에는 완전히 다른 접근방식이 있다. '정답'을 찾는 것이 아니라, 투자자마다 원하는 것이 다르다는 점을 이해하는 것이다.

억만장자들이 계속 위험한 투자를 하는 이유

차브라가 배운 교과서적인 투자 방법은 1952년 해리 마코위츠 Harry Markowitz가 개발한 현대 포트폴리오 이론이다. 마코위츠는 복잡한 수학적 분석들을 기반으로 투자자가 받아들일 수 없는 수준의 위험을 감수하지 않고도 수익을 극대화하는 방법을 알아냈다.[2]

이 이론에서 '위험risk'은 '변동성volatility'과 같은 의미다. 변동성은 해마다 성과가 변하는 것을 의미한다. 이 이론에 따르면 더 높은 수익을 얻기 위해서는 더 많은 변동성(또는 위험)에 노출되어야 한다. 따라서 각 투자자는 최대한 높은 수익을 달성하면서도 걱정하느라 밤잠을 못 이루는 수준은 아닌 '최적의 균형점sweet spot'을 찾는 데 집중해야 한다. 이 모델은 모든 투자자가 가능한 한 안전한 투자 여정을 원하며 꼭 필요한 경우에만 추가로 위험을 감수하는 상황을 가정한다.

당시 이러한 위험-수익의 상충관계를 수학적으로 모델링한 것은 획기적인 혁신이었다. 마코위츠는 이 공로를 인정받아 1990년 노벨 경제학상을 받았다. 이 모델은 이후 전문 투자 포트폴리오를 구성하는 기본 원칙으로 확고하게 자리 잡았다.

마코위츠의 포트폴리오 이론은 투자의 난제를 푸는 훌륭한 시도였지만, 현실 세계에서 사람들이 돈에 대해 어떻게 생각하는지까지는 제대로 반영하지 못했다. 물론 대부분의 사람들은 변동성이 큰 투자보다는 예측 가능하고 안정적으로 가치가 오르는 투자를 선호할 것이다.

하지만 변동성이 유일한 위험 요인은 아니다. 자산이 묶여 필요할 때 사용하지 못하는 위험은 어떨까? 예기치 못한 재앙으로 인해 수익률이 예측과 크게 달라질 수도 있다. 마코위츠 모델은 이러한 '하방 위험'을 고려하지 않는다.

차브라는 또 다른 중요한 사실을 발견했다. 바로 손실 위험뿐만 아니라 '이기지 못할' 위험도 있다는 점이다. 다시 말해 차브라의 고객들은 이미 (자산이 너무 많아서 누군가의 도움을 받아 관리해야 하는 '행복한 고민'에 빠진) 인생의 승자였지만 손실을 피하는 데 집중하지 않았다.

합리적으로 보면(마코위츠의 이론은 투자자들이 합리적이라고 가정한다), 그들은 어리석은 짓을 하지 않는 것만으로도 영원히 안락한 삶을 누릴 수 있었다. 그럼에도 그들은 여전히 시장을 이기고 싶어 했다.

차브라는 대부분의 재무설계에서 바로 이 '승리'의 동기가 빠져 있다고 여겼다. 상위 1퍼센트에 속한 상태로 게임을 시작했을지라도 지금보다 더 나아지려는 열망이 있는 것이다. 이미 부유한 사람들이 계속 승리를 원한다면 부의 분배 사다리에서 아래쪽에 있는 사람들도 승리하고 싶어 할 것이다. 그리고 게임의 결과는 그들의 삶을 더 직접적으로 바꿀 것이다.

실제로 차브라는 모든 투자자의 마음속에 서로 상충하는 세 가지 동기가 있음을 알아차렸다.

- 재난으로부터 보호('개인적 위험')
- 현재 생활방식 유지('시장의 위험')

- 재정 상태 개선('열망적 위험')

이 세 가지 동기는 중요도 순으로 나열한 것이 아니다. 모든 사람이 각기 다른 비율로 이 동기들을 가지고 있고, 같은 사람이라도 시간이 흐르면서 각각의 중요도가 달라진다. 요점은 누구나 어느 정도는 항상 이 세 가지 동기를 갖고 있다는 것이다.

마코위츠는 그중에서도 두 번째 동기에 초점을 맞췄다. 즉, 그의 모델을 사용하면 시장의 위험을 최대한 깔끔하게 해결해 현재 생활방식을 유지할 수 있고, 보호가 필요할 때는 현금으로 해결할 수 있다. 반면 차브라는 부의 수준과 관계없이 열망하는 목표를 달성하지 못해 겪게 되는 세 번째 위험이 많은 사람에게 매우 현실적으로 와닿으며 앞의 두 위험과 균형을 이루는 것이 중요하다고 생각한다.

이는 억만장자들이 더 이상 한 푼도 벌지 않아도 충분히 잘살 수 있는데도 위험한 투자를 계속하는 이유를 설명해준다. 그들은 계속 승리하길 원하며 자신들의 세계에서 더 높은 곳에 오르고 싶어 한다. 가령 자신의 요트는 길이가 18미터에 불과한데 친구들의 요트는 24미터에 헬리콥터 이착륙장까지 갖췄다면 그 부의 격차를 견딜 수 있겠는가?

차브라의 연구는 학술 논문에 1,000번도 채 인용되지 않았지만,[3] 마코위츠의 연구는 6만 6,000번이나 인용되었고[4] 후에 노벨상까지 받았다. 하지만 나는 차브라의 연구를 토대로 투자를 새롭게 바라보기 시작했고, 오늘날 그의 이론이 그 어느 때보다 중요한 의미를 갖는다고 생각한다.

최종 급여에 연동된 퇴직연금과 저렴한 주택이 보장되던 시절에는 '평균'의 삶도 꽤 괜찮았다. 물론 누구나 더 나은 삶을 살고 싶어 한다. 그러나 소득 분포의 중간에 위치하는 것만으로도 주택담보대출을 다 갚고 매년 두 번의 휴가와 편안한 은퇴를 보장받을 수 있다면 어떨까? 아마도 위험 회피 성향이 있는 사람은 더 큰 도약을 목표로 위험을 감수하려는 욕구를 억누를 수 있을 것이다.

하지만 최근 몇 년 동안 '평균'의 질은 악화되었다. 보통 사람이 직장 생활 초기에 집을 소유하고 은퇴 후에 충분한 연금을 받을 가능성이 낮아졌다. 오히려 가계를 유지하기 위해 맞벌이를 해야 할 가능성이 높아졌다.

투자수익률도 달라졌다. 1972년부터 2019년까지 전 세계 주식과 채권을 60 대 40 비율로 투자한 사람들은 연평균 7.5퍼센트의 수익률을 올렸고, 변동성을 측정하는 고전적인 지표인 표준편차는 10.3퍼센트였다.[5] 이 기간 중 가장 많은 보상을 받을 수 있었던 시기는 '공짜 돈'의 시대와 일치했다. 2008~2020년 사이, 전 세계적으로 금리가 거의 제로에 가까웠을 때 투자수익률은 변동성이 증가하지 않으면서도 9.6퍼센트까지 상승했다.

하지만 그런 시대는 지났다. 2020~2024년 중반까지 동일한 포트폴리오의 평균 수익률은 5.1퍼센트로 떨어졌고 변동성은 14퍼센트로 증가했다.[6] 이 새로운 경제 환경에서는 투자수익률이 낮아질 가능성이 크고, 늘어난 생활비를 충당하고 나면 남은 돈이 거의 없어 투자 여력이 떨어질 수 있다.

따라서 현재 상황을 '개선'하고 싶은 강한 욕구를 느끼는 사람이 더욱 많을 것이다. 그들은 잃을 게 적고, 현재 상태를 유지하는 것이 그리 매력적인 대응 방식이라고 생각하지 않는다.

이는 YOLO$^{You\ Only\ Live\ Once}$를 외치며 유행하는 밈^{meme} 주식에 투자하는 젊은층이 많아진 이유를 설명해준다. 그들의 선택이 그렇게 비합리적인 것만은 아닐 수 있다. 그들은 암울한 미래와 높아지는 열망 사이의 엄청난 격차를 깨닫고, 현재 상태에 계속 머물기보다는 차라리 손실을 보고 더 뒤처질 위험을 감수하는 편이 덜 두렵다고 판단할 수 있다.

이처럼 어려운 선택을 하는 사람이 더욱 많아질 것이다. 안전하게 자금을 운용해 점진적으로 수익을 내면서도, 위험을 감수해 대박을 노릴 만큼 여유 자본이 있는 사람은 드물 것이다. 새로운 시대에 세 가지 동기의 균형을 조화롭게 맞추는 것이 그 어느 때보다 어려워졌고, 각각의 동기를 이해하는 것은 더욱 중요해졌다.

돈에 대한 3가지 동기 이해하기

세 가지 동기를 좀 더 깊이 파헤쳐보자. 그중에서도 유독 공감이 가는 동기가 있을 것이다. 하지만 어느 정도는 자신의 내면에서 세 가지 동기를 모두 인식해야 한다.

동기 1. 재난으로부터의 보호

일자리를 잃거나 병에 걸리거나 전례 없는 경기 침체가 발생할 때, 극단적으로 지출을 줄여야 하는 상황에 처하고 싶지는 않을 것이다. 요컨대 경제적으로 위태로운 삶을 살고 싶은 사람은 없다. 그러므로 재정 상태에 가해질 충격을 어느 정도 흡수할 수 있는 보호벽을 세워야 한다.

누군가에게 좌절은 친구에게 얹혀살게 될 위험을 의미할 수 있다. 다른 누군가에게는 아이들을 더 이상 명문 사립학교에 보내지 못하게 되는 상황일 것이다. 객관적으로 볼 때 후자가 전자보다 사정이 나을 수 있지만, 당사자가 느끼는 고통은 비슷할 것이다. 아무리 부자여도 이전보다 생활수준이 떨어지면 상실감을 느끼기 마련이다.

따라서 사람들은 거의 확실하게 안전을 보장해줄 계획을 원한다. 물론 가치가 상승한다면 더할 나위 없이 좋지만, 현재 상태에서 크게 추락할 위험은 감수하고 싶어 하지 않는다.

동기 2. 현재 생활방식 유지

일을 완전히 그만두더라도 아무런 경제적 타격이 없다면 얼마나 좋을까? 이것이 바로 일을 줄이더라도 지금의 생활방식을 유지하고자 하는 동기다. 노동 소득을 투자 소득으로 대체하려는 것이다.

대부분은 꼭 은퇴하지 않고도 더 오래 돈을 벌 수 있다는 생각에 위안을 얻겠지만, 여전히 일을 그만두고도 지금처럼 같은 집에서 생활하고, 휴가와 여가를 계속 즐기고 싶어 한다. 물론 아직은 생각도 하기 싫겠지만, 언젠가는 일을 하고 싶어도 할 수 없는 시점이 다가올 것이다. 이 때문에 우리는 재난으로부터 보호받을 수 있다는 확신을 얻고 싶듯, 노년에도 높은 확률로 현재의 생활방식을 유지할 수 있기를 원한다. 승률이 50 대 50인 계획은 결코 받아들일 수 없다.

전통적인 투자 포트폴리오는 주택 소유권에 대한 보호와 결합

되어 시간이 지날수록 점진적으로 복리효과를 얻고 단조롭지만 예측 가능한 방식으로 서서히 목표를 달성할 수 있도록 설계되었다. 금융 전문가들은 매년 순자산의 변동폭이 작을수록 그 계획이 성공적이라고 간주할 것이다.

지금까지 언급한 이 두 가지 동기는 가치 있는 목표이며, 누구나 달성하고 싶어한다. 하지만 차브라가 지적했듯, 대부분은 그 이상을 열망한다.

동기 3. 재정 상태 개선

'와, 이제 정말 안심이야!'라고 생각할 수 있기를 바라며 복권을 사는 사람은 아무도 없다. 사람들은 더 좋은 동네에 있는 더 큰 집으로 이사하고, 휴가를 더 많이 내고, 더 근사한 물건을 사고 싶어 한다. 유독 생활방식을 개선하고 싶은 욕구를 많이 느끼는 사람들이 있다. 반면 현재 가진 것에 100퍼센트 만족하며 삶을 업그레이드하는 데 조금도 관심이 없는 사람은 거의 없다.

솔직히 말하자면, 우리는 남보다 더 나은 지위를 얻고 싶어 한다. 미국의 저널리스트 H. L. 멩켄$^{H.\ L.\ Mencken}$은 부자란 처제의 남편보다 1년에 100달러를 더 버는 사람이라고 농담한 적이 있다.[7] 그런데 그의 말이 생각보다 정확했음을 증명한 학술 연구가 있다.

1950년대 미국의 사회심리학자 레온 페스팅거$^{Leon\ Festinger}$가 개

척한 '사회 비교 이론social comparison theory'은 주변 환경을 기준으로 삼으면 가난한 사람이 부유한 사람보다 더 행복할 수 있다고 설명한다.[8] 2021년 마이클 크라우스Michael Kraus와 자신스 탄Jacinth Tan은 230만 명의 참가자를 대상으로 한 연구를 분석해 이 결과를 재현했다.[9] 이들은 객관적으로 좋은 성과를 올리는 것만으로는 충분하지 않으며, 점차 발전하거나 부모보다 더 나은 삶을 사는 것만으로는 행복해질 수 없다는 것을 확실히 보여줬다. 행복해지려면 적어도 동료만큼 잘나가야 한다. 다시 말해 누구나 소득 분포의 상단으로 도약하고 싶어 한다.

안타깝게도 이런 성향은 끊임없는 불만을 유발한다. 자신보다 더 부유하고 행복하고 잘생긴 사람들에게 둘러싸여 있다고 생각하는가? 아마 그것은 사실일 것이다. 이는 소셜네트워크 과학자인 엄영호와 조항현이 과학적으로 입증한 현상이다. 2014년에 두 사람은 '일반화된 우정의 역설Generalized Friendship Paradox'이라는 개념을 도입했다.[10] 이 개념은 다음과 같다.

우리 대부분은 친구가 그리 많지 않지만, 소수의 사람들은 훨씬 더 많은 친구와 교류한다. 일반적으로 이렇게 친구가 많은 사람은 대체로 더 부유하고 행복한 경향이 있다. 부유하고 행복한 사람들이 더 적극적으로 사교 활동을 하고, 더 많은 사람과 관계를 맺는 경향이 있기 때문이다.

결과적으로 우리는 평균보다 훨씬 더 부유하고 행복한 사람들과 어울릴 가능성이 크다. 우리 주변의 친구 중 상당수가 우리보다 더 나은 조건을 지녔을 가능성이 높다는 뜻이다. 이런 상황은 백만장자인 친구나 성공한 지인들과 자신을 끊임없이 비교하면서 '나는 왜 이렇게 못하고 있을까?'라는 부정적인 생각에 빠지게 만든다.

이는 동료들보다 더 성공하고 싶은 욕구가 재난으로부터 자신을 보호하려는 욕구만큼이나 강하다는 것을 시사한다. 하지만 당신이 비행기 일등석에 탑승하거나 해러즈 백화점에서 쇼핑을 하고 싶다고 자산관리사에게 고백한다면, 그들은 당신을 달래며 퇴직연금의 예상 수익률과 생명보험에 대해 정중하게 이야기할 것이다.

생활방식을 개선하려면 어느 정도 위험을 감수해야 한다. 앞서 살펴보았듯이, 금융 전문가들이 사용하는 모델은 위험을 최소화하는 것만이 유일한 방법이라고 말한다. 경제적으로 극적인 도약을 이루는 방법에 대해 조언하기는 대단히 어렵다. 왜 그럴까? 개인의 기술과 선호도에 따라 목표를 달성하는 방법은 수천 가지가 있다. 단순히 몇 가지 변수를 조정하고 과거에 얼마나 잘 작동했는지 보여주는 데이터가 있다고 해서 그것을 근거로 모두에게 적합한 재정 계획을 제시할 수는 없다. 그런 계획이 모든 사람에게 효과가 있으리라는 보장도 없다. 첫 번째와 두 번째 동기는 높은 성공 확률을 요구하지만, 재정 상태를 크게 개선하고자 하는 동기는 그저 매력적인 하나의 가능성에 불과하다. 더군다나 이를 너무 밀어붙이면 나머지 두 가지 중요한 동기도 위태롭게 만들 위험이 있다.

따라서 이런 동기가 끝내 무시되는 것은 이해할 만하지만, 성취와 개선, 승리에 대한 중요한 심리적 욕구가 충족되지 않는 탓에 여전히 문제로 남게 된다. 이는 《바빌론 부자들의 돈 버는 지혜》에 나오는 고상하고 신중한 조언을 읽으며 고개를 끄덕이면서도, 투자 앱을 훑어보고 불특정 다수가 모인 소위 '단톡방'에서 언급된 화제의 주식을 매수하는 모습을 어렵지 않게 상상할 수 있는 이유다. 재정 상태를 개선하고 싶은 사람(사실상 거의 모든 사람이 해당된다)이라면 스스로 이 문제를 해결해야 한다.

투자 결정을 획기적으로 단순화하는 법

다행히 이 세 가지 상반된 동기를 인정하고 이해할 때 투자 결정을 획기적으로 단순화할 수 있는 열쇠를 쥐게 된다. 어떤 투자를 하건 세 가지 동기 중 오직 하나만 충족할 것이기 때문이다.

예를 들어 현금 비상금은 재난으로부터 '보호'하고자 하는 동기를 충족한다. 새로운 암호화폐에 대한 투기는 재정 상태를 '개선'하려는 열망을 자극한다. 주식시장에 분산투자하는 것은 현재 생활방식을 '유지'하고자 하는 동기에 해당하며, 한 기업의 주식을 보유하는 것은 주가가 오를 것이라는 희망을 품고 장기적으로 재정 상태를 '개선'하고자 하는 동기에 해당한다.

일단 세상을 이렇게 세 가지 동기를 중심으로 바라보면 투자 생활은 어처구니없을 정도로 단순해진다. 아무리 복잡한 문제도 '세 가지 동기 간의 균형을 어떻게 맞출 것인가?'에 대한 의사 결정으로 압축할 수 있다.

세 유형의 '버킷bucket' 사이에서 적절한 균형을 찾는 것은 각각의 버킷을 채우는 것보다 훨씬 중요하다. 예를 들어보자. 집을 사야 할까, 단기 국채에 투자해야 할까? 아니면 그냥 은행에 넣어두어야 할까?

앞으로 살펴보겠지만, 이런 방식은 모두 자산을 '보호'하는 조치이므로 '보호' 버킷을 채우고 싶다면 그중 무엇을 고를지는 그다지 중요하지 않다. 무엇을 선택하든 '개선' 목적으로 주택담보대출을 받아 투자용 부동산을 사는 것보다는 원래의 '보호' 목적에 더 잘 부합한다. 마치 스페인, 세인트루시아, 세이셸 등 휴양지 중에서 한 곳을 고르는 것과 같다. 셋 중에서도 더 선호하는 곳이 있을 수 있지만, 해변으로 휴가를 떠나고 싶다면 어디든 시베리아보다 나을 것이다.

하지만 섣불리 단정하지 말아야 한다. 투자를 단 하나의 의사결정으로 줄였다고 해서 문제가 쉬워지는 것은 아니다. 각 버킷의 크기는 어떻게 정해야 할까? 실용적인 조언을 공유하기에 앞서 몇 가지 고려할 요소가 있다.

첫 번째는 출발점이다. 부유할수록 더 많은 위험을 감수할 수 있다. 억만장자는 자산의 80퍼센트를 위험성이 높은 '개선' 버킷에 배분해도 편안하게 지낼 수 있다. 그 이유는 무엇일까? 10억 달러 중 20퍼센트(2억 달러)를 안전한 버킷에 넣은 경우 다른 모든 투자가 잘못되더라도 그 버킷(그리고 요트)은 무사하기 때문이다. 그렇다고 모든 억만장자가 이런 위험을 감수해야 한다는 뜻은 아니다. 남들보다 99.99퍼센트 더 부유한 사람도 상대적으로 가난해지면 고통스럽기는 마찬가지다. 하지만 더 많이 가진 상태에서 시작하면 더 많은 위험을 감수할 수 있다.

그다음으로 고려할 요소는 나이다. 정확히 말하자면 잠재 소득이다. 대부분의 재정적 조언은 나이에 맞춰 조정되며, 이는 어느 정도 합리적인 방식이다. 25세에 어떤 불행한 사건이 일어나 포트폴리오 가치의 20퍼센트를 날리는 것은 유쾌한 경험이 아닐 것이다.

하지만 65세에 은퇴를 앞둔 시점에서 20퍼센트 손실은 그야말로 재앙이 될 수 있다. 일반적으로 나이가 들수록 포트폴리오의 위험 자산을 점차 줄이라는 투자 조언을 받게 된다. 문제는 이 접근법이 지나치게 단순하다는 것이다. 정말 중요하게 고려해야 하는 것은 나이가 아니라 미래 소득이다.

물론 20대가 60대보다 미래에 더 많은 소득을 창출할 것이다. 하지만 현실에서는 같은 20대라도 재정적으로 완전히 다른 길을 걸을 수 있다. 나이를 기준으로 하면, 두 사람에게 똑같은 재정 계획이 제시될 것이다. 아마도 신중하고 위험이 낮은 투자('유지')보다는 먼저 저축('보호')을 하라는 내용일 것이다.

하지만 둘 중 한 명이 의사 면허를 취득했다면 어떨까? 의사의 잠재 소득은 수백만 달러에 달하므로 공격적으로 자금을 운용하며 위험을 감수할 여유가 있다. 돈을 몽땅 잃더라도 수십 년 동안 열심히 벌면 손실을 회복할 수 있다. 반면 다른 한 명은 의사 자격증도 없고 최저임금을 받으며 일하고 있다고 치자. 사업을 시작한다면 부자가 될 가능성이 있지만, 당장은 의사와 똑같이 재정적 위험을 감수할 여유가 없다.

물론 의사여도 위험을 감수하고 싶지 않을 수 있다. 이제 다음 요인을 고려해야 할 차례다. 손실에 대한 두려움과 이익에 대한 열망을 비교해야 한다.

동전을 던지는 상황을 상상해보자. 동전의 앞면이 나오면 은행 계좌에 있는 현금이 두 배로 불어나지만, 뒷면이 나오면 은행 잔고의 절반이 사라질 것이다. 잃는 것보다 얻는 게 두 배 더 많다는 점에서 이는 꽤 괜찮은 거래다. 그런데 당신은 이 내기를 받아들일 수 있을까?

관련 연구 결과에 따르면, 대부분이 내기를 받아들이지 않는다. 돈을 벌 때 느끼는 만족감보다 돈을 잃을 때 느끼는 상실감이 더 크기 때문이다. 이것을 '손실 회피$^{loss\ aversion}$'라고 한다. 1990년대 행동경제학자 아모스 트버스키$^{Amos\ Tversky}$와 대니얼 카너먼$^{Daniel\ Kahneman}$이 증명해 유명해진 이론이다. 사람은 투자할 때 비합리적이고 편향적으로 행동하는 경향이 있음을 설명할 때 종종 언급된다.[11] 하지만 이 현상은 평균적인 성향일 뿐이며, 돈을 대하는 사람들의 심리는 천차만별이다.

똑같은 억만장자라도 위험을 감수할 수도, 위험을 두려워할 수도 있다. 마찬가지로 똑같이 무일푼인 학생일지라도 위험을 감수할 수도, 위험을 두려워할 수도 있다. 옳거나 그른 태도는 없다. 그저 타고난 성향과 삶의 경험이 만들어낸 선택의 결과일 뿐이다. 하지만 자신이 받아들일 수 있는 위험의 한도에서 벗어난 투자 방식을 선택하면 끊임없이 스트레스를 받을 테니 자신이 어떤 유형인지 알아두는 것이 좋다.

나에게 맞는 투자 형태 찾기

다음 몇 장에서 세 유형의 버킷에 속한 자산을 더 깊이 살펴볼 것이다. 그 후에는 각 자산에 얼마나 투자할지 결정할 수 있을 것이며, 그 시점에 이 문제를 다시 다룰 것이다. 여기서는 먼저 대략적인 개념을 짚어보려 한다. 나는 개인적으로 이를 다양한 '형태'에 비유한다. 각각의 형태는 다양한 유형의 사람과 삶의 목표와 부합한다.

피라미드형: 투자 포트폴리오에서 가장 큰 비중을 차지하는 버킷은 '보호'이며, 그다음으로는 '유지', 피라미드 꼭대기에는 가장 적은 비중을 차지하는 '개선'이 있다. 피라미드는 현재 상황에 만족하는 사람에게 적합한 일반적인 형태다. 그들은 큰 위험을 감수하지 않고 현재 상태에 머물기를 원하지만, 더 나은 방향으로 크게 변화할 가능성을 완전히 포기하지는 않는다.

바벨형: 주택이라는 비교적 안전한 자산을 '보호' 버킷에 배분했기 때문에 적어도 편히 쉴 수 있는 내 집이 있다. 그래서 '유지' 버킷에는 배분하지 않기로 한다. 대신 남은 현금을 '개선' 버킷에 투자해 약간의 변화를 시도한다.

중간 집중형: 소규모 '보호' 버킷을 구성하는 주택을 소유하지 않은 상태이며, 자금 대부분을 '유지'에 투자하고 소액을 '개선'에 배분한다.

'T'형: 최소한의 현금을 '보호'와 '유지'에 배분하고 거의 전액을 '개선'에 배분했기 때문에 매우 위험할 수 있다. 잃을 게 적거나 부자가 되고 싶은 열망이 매우 강한 사람에게 적합하다.

위의 형태 중에서 특히 끌리는 것이 있을 것이다. 만일 자신에게 가장 적합한 형태가 무엇인지 모르겠다면 자신의 버킷을 하나씩 살펴보는 것이 도움이 될 것이다.

'개선'부터 살펴보며, 이런 질문을 던져보자. '상당한 이익을 얻기 위해 기꺼이 감수할 수 있는 손실 위험은 어느 정도인가?' 최악의 상황을 정확히 직시할 수 있도록 이 질문을 다르게 표현하면 이렇다. '얼마나 손실을 감수할 수 있는가?'

'개선' 버킷의 반대편에 있는 '보호' 버킷의 크기는 주로 집을 소유하고 있는지, 미래에도 소유하고 싶은지에 따라 결정된다. 이미 부유한 사람이 아니라면(혹은 더 낙관적으로 말하면 '부유해질 때까지') 주택의 가치에서 주택담보대출을 뺀 금액이 자산의 상당 부분을 차지할 것이다. 만약 집을 사기 위해 저축을 하고 있다면,

그 저축의 일부를 구성하는 현금 역시 '보호' 버킷에 포함될 것이다. 이 버킷에는 비상금과 일반 저축도 포함된다.

다음 장에서 살펴보겠지만, 내 집 마련이 모든 사람에게 적합한 것은 아니다. 가까운 미래에 집을 소유하고 싶지 않다면 '보호' 버킷은 필연적으로 작아질 것이다. 하지만 생계에 대한 확신이 줄어들 테니 비상금을 더 많이 마련해 균형을 맞추고 싶을 수 있다. '개선'과 '보호' 버킷이 확정되면 남은 자금은 모두 '유지'에 배분할 수 있다.

이런 결정은 중요하지만, 너무 깊이 고민할 필요는 없다. '무엇에 투자해야 할까?'라는 고민을 '내 버킷의 크기는 어느 정도가 좋을까?'로 대체하는 것만으로는 아무런 의미가 없다. 이런 문제는 정확한 목표라기보다 대략적인 지침이며 상황에 따라 계속해서 달라질 것이다. 아마도 이것은 정기적으로 재검토해야 하는 유일한 투자 결정일 것이다.

투자를 단순하게 유지하라

세 가지 동기의 힘은 투자를 단순화하는 방식에서 비롯된다. 당장 세 가지 동기의 균형을 어떻게 맞출지 결정하지 못하더라도, 그것을 하나의 틀로 삼는다면 아무리 복잡한 상황도 헤쳐나갈 수 있다.

금융업계는 사람들에게 복잡한 선택을 곧잘 요구한다. 상장지수펀드인 ETF를 통해 투자하는 방법이 비교적 '단순한' 선택으로 보이겠지만, 영국 시장에 나와 있는 ETF 상품만 해도 1,647개에 이른다. 이런 상황에서 투자 상품을 고를 때 연간이자율^{APR}, 연간수익률^{APY}, 연복리수익률^{CAGR} 또는 내부수익률^{IRR}을 기준으로 결정해야 할까? 투자업계는 고객이 이처럼 다양한 지표의 의미를 이해하고 있고 또 중요하게 여긴다고 믿는 것 같다. 하지만 걱정할 필요 없다. 사실 이게 뭔지 아는 사람은 거의 없다.

결국 자신만의 투자 기준이 잘못 설정되어 있다면, 아무리 복잡한 투자 전략을 구사해도 소용없다. 목표치에 미치지 못하거나 걱정하느라 밤잠을 설치기만 할 뿐 결과에 만족하지 못할 테니 말이다. 반대로 자신만의 투자 기준이 제대로 설정되어 있다면, 각종 투자 상품을 비교한 표를 아무리 열심히 들여다보고 '샤프비율$^{Sharpe\ Ratio}$'이 무엇인지 이해하려고 노력해도 수익률을 의미 있는 수준으로 끌어올리지 못할 것이다.

핵심은 자신이 투자를 통해 진정으로 원하는 것이 무엇인지, 그리고 그것을 얻기 위해 어떤 희생을 감수할 수 있는지를 아는 것이다. 이는 현대 포트폴리오 이론의 복잡한 수식을 손으로 계산하는 것보다 어려운 일이다. 자신이 원하는 것을 정확히 알 수는 없을 것이며, 선호와 태도는 수시로 바뀐다. 하지만 이런 고민을 하는 것만으로도 수많은 잡음을 제거하고 종국에는 만족할 가능성이 훨씬 높다.

One - Page Lesson

투자 결정을 획기적으로 단순화하는
3개의 버킷

1. 보호 버킷: 최악의 상황에서도 안전한 요새

인생의 폭풍이 몰아쳐도 무너지지 않는 기반을 구축하라.
비상금, 주택, 보험은 재정적 충격을 흡수하는 완충장치다.

2. 유지 버킷: 현재를 미래로 연장하는 엔진

시간이 지나도 오늘의 생활수준을 보존하는
안정적인 자산을 구축하라.
주식, 채권, 연금은 일을 하지 않고도
소득을 창출하는 시스템을 만든다.

3. 개선 버킷: 야망과 꿈을 담는 공간

더 큰 집, 더 멋진 휴가,
더 많은 자유를 향한 열망을 무시하지 마라.
계산된 위험을 감수하는 이 버킷은 삶의 격을 높여준다.

"투자의 복잡성을 벗어나
근본적인 욕구 사이의 균형을 찾아라!"

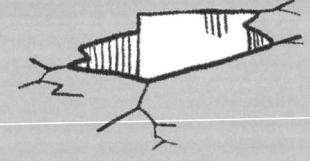

4장
내 집 마련

부동산이 답일까?
내 집 마련이라는 환상

← **오해**

반드시 내 집 마련을 목표로 해야 한다.
집값이 오르면 부자가 될 수 있고,
남의 집에 세 들어 살면
돈을 낭비하게 된다.

진실 →

집은 우리에게 안식처를 제공할 뿐,
그 이상도 그 이하도 아니며,
생각만큼 확실한 투자 대상이 아니다.

영국에서는 다른 어떤 것보다 재정적으로 중요하게 생각하는 것이 있다. 생애 첫 아르바이트를 시작하는 순간부터 누구나 '내 집 마련을 하려면 저축이 중요하다'는 말을 귀에 못이 박히도록 듣는다. 내 집 마련은 인생의 중요한 이정표이며, 인정하든 인정하지 않든 대체로 '세 들어 사는' 임차인은 성공한 사람으로 여기지 않는다. 보금자리에 대한 집착은 이례적으로 모든 정당의 합의를 통해 뒷받침된다. 어떤 정당이 집권하든 다양한 제도와 세제 혜택을 도입해 처음 주택을 살 때는 첫걸음을 내딛도록 지원하고, 주택을 팔 때는 다른 자산보다 세금을 덜 내게 해준다.

영국만 그런 것이 아니다. 미국의 경우, 주택 소유는 '아메리칸드림'의 핵심 요소이며(역시 다양한 세제 혜택을 지원한다), 캐나다와 호주, 뉴질랜드에서도 주택 소유를 지원하는 제도가 있다. 역사적으로 임차인 비율이 높고 임차인 보호제도가 잘 갖춰져 있는 독일과 네덜란드 같은 유럽 국가에서도 주택 소유가 점점 더 보편화되고 있다.

이러한 이유로 현재 내가 살고 있는 집이 자가自家가 아니라고 말하면 사람들은 의아한 반응을 보인다. 다들 내가 합리적이지 않거나 보기와 달리 궁핍한 생활을 한다고 여기는 것 같다. 물론 그런 반응도 이해 못할 바는 아니다. 어쨌든 나는 〈프로퍼티 팟캐스트〉라는 부동산 프로그램을 진행하고 있으니까.

이런 말을 하면 화를 낼지 모르지만, 나는 집을 소유하는 것이 세간에서 말하는 것만큼 그렇게 중요하지는 않다고 생각한다. 어떤 사람에게는 집을 소유하는 것이 오히려 잘못된 선택일 수 있다. 물론 모든 사람이 잘못된 선택을 했다는 말은 아니다. 후술하겠지만, 주택 소유는 실용적이고 정서적이며 경제적으로 합리적인 선택이 될 수 있다. 다만 내가 말하고 싶은 것은 집을 산다고 해서 반드시 부자가 되는 것은 아니라는 점이다. 사실 3장에서 언급했듯이, 집은 '보호' 버킷에 속한다. 집이 제공하는 보호 기능은 상당한 가치를 지니지만 다른 투자와 마찬가지로 부를 급격히 증가시키지는 않는다.

주택 소유에 관한 고정관념을 깨는 것은 쉽지 않다. 따라서 이번 장에서 해야 할 일이 만만치 않다는 것을 잘 알고 있다. 그러니 몇 걸음 물러서서 '보호' 버킷의 의미부터 알아보자.

현금만이 지닌 독특한 기능

'보호' 버킷은 기본적으로 만일의 경우를 대비하는 비상금이다. 일자리를 잃거나, 경제가 예기치 않게 불황에 빠지거나, 건강이 나빠져 일을 할 수 없게 되는 경우를 대비해 마련해두는 것이다. 무엇보다 재난이 발생하지 않더라도 불행이 닥쳐 빈털터리가 될까 걱정하며 잠 못 이루는 상황을 막아주는 역할을 한다.

분명 '보호' 버킷의 중요한 구성 요소는 평범하고 진부한 현금이다. 실제로 10분 이상 재테크를 공부해본 사람이라면 누구나 알겠지만, 투자를 시작하기 전에 현금으로만 이루어진 '비상금'을 마련해야 한다. 이런 비상금이 '보호' 버킷에서 가장 중요한 이유는 현금만이 제공하는 두 가지 독특한 보호 기능 때문이다. 첫 번째 기능은 즉시 쓸 수 있다는 점이다. 부동산이나 주식, 기타 자산처럼 팔기 위해 매수자를 찾을 필요가 없다. 즉, 자동차나 보일러가 고장이 나는 등 갑자기 예상치 못한 상황이 발생해도 현금이 있으면 몇 시간 안에 문제를 해결할 수 있다.

두 번째 기능은 언제든 '액면가'가 보장된다는 점이다. 1달러는 항상 1달러, 1파운드는 언제나 1파운드의 가치를 지닌다. 외계인이 침공해 주식, 채권, 부동산 시장이 공황 상태에 빠져 90퍼센트 폭락하더라도 당장 보유한 현금의 액수는 오늘이나 내일이나 똑같을 것이다.

하지만 여기에는 문제가 있다. 당장 보유한 5달러는 언제나 5달러의 액면가가 보장될지라도, 그 5달러로 살 수 있는 재화와 서비스의 양은 인플레이션으로 인해 시간이 지날수록 줄어든다는 점이다. 이상적인 사회에서는 은행에 현금을 예치함으로써 얻는 이자가 이를 보상해줄 것이다. 그러나 앞서 보았듯이 지난 15년 동안 인플레이션율은 은행 예금 금리를 훨씬 웃돌았다. 100달러를 은행에 맡기면 나중에 이자를 더해 105달러를 인출할 수 있겠지만, 그 105달러로 구매할 수 있는 상품은 예전에 100달러로 구매할 수 있었던 양보다 적을 수 있다.

따라서 현재 보유한 현금은 어떤 상황에서도 '명목가치'를 잃지는 않겠지만, 수년에 걸쳐 실질적인 구매력을 잃을 것이 분명하다. 은행 이자를 받는 것만으로는 인플레이션에 따른 손실을 상쇄하기에 충분하지 않을 수 있다. 다시 말해 많은 돈을 잃는 위험을 피하는 유일한 방법은 약간의 돈을 잃는 것임을 받아들이는 것이다. 이는 2020년 3월에 약간의 돈이라도 저축한 가난한 사람들이 경험했던 일이다. 그들은 가장 높은 금리를 주는 저축 상품에 돈을 예치했지만 2024년까지 현금 가치가 15퍼센트 이상 줄어드는 것을 지켜봐야 했다. 1장에서 살펴보았듯이, 향후 인플레이션이 발생할 가능성이 있는 시기에도 이런 상황은 계속될 가능성이 크다.

이런 상황을 고려할 때 비상금은 얼마나 마련해야 할까? '6개월치 생활비'와 같은 간단한 지침을 활용해 최소한의 현금 수준을 정할 수 있다. 하지만 보유해야 할 적정한 금액은 사람마다 적을 수도 많을 수도 있다. 이는 전적으로 보호, 유지, 개선이라는 상충되는 세 동기 사이에서 어떻게 균형을 맞추느냐에 달려 있다.

이는 백만장자들의 돈 관리 습관을 들여다보면 분명하게 알 수 있다. 그들은 돈이 바닥날 위험이 없기 때문에 만약 '정답'이 있다면 모두 같은 방법을 선택했을 것이다. 하지만 실제로는 극적으로 다른 행동을 보인다. 기업가 노아 케이건Noah Kagan을 예로 들어보자.[1] 그는 수백만 달러를 현금으로 보유하고 있지만, 사실 그만큼의 현금이 절대 필요하지 않을뿐더러 시간이 지날수록 돈의 가치가 떨어지고 있음을 잘 알고 있다. 그럼에도 그는 거액이 예치된 은행 계좌를 보며 안심한다. 게다가 이미 다른 투자에서 얻는 수익만으로도 충분히 매년 더 부유해지고 있다.

이와 정반대의 접근방식을 취하는 사람도 있다. 경제적 여건이 케이건과 비슷한 투자자이자 기업가인 샨 푸리Shaan Puri에게 현금은 골칫거리다.[2] 그에게 현금을 쌓아두는 것은 기회를 놓치는 것과 다름없기 때문이다. 그는 현금이 은행에 묶여 있으면 거의 아무런 수익도 내지 못하지만, 현금을 투자하면 훨씬 많은 자산으로 불릴 수 있다는 사실을 뼈저리게 인식하고 있다. 그래서 은행 잔고를 가능한 한 낮게 유지하려고 한다.

궁극적으로 우리는 부의 수준이 어떻든 간에 모두 같은 줄타기를 하고 있다. 돈을 잃는 대신, 돈을 벌어들일 투자 기회를 포기하지 않으면서도 우리를 안전하게 지킬 수 있을 만큼 '보호' 버킷을 가득 채우려고 노력하는 것이다. '보호' 버킷에 보관할 현금이 어느 정도가 적절한지 추정하려면 실용적인 측면과 심리적 측면을 별개로 다룰 필요가 있다.

실용적인 측면은 다음과 같다.

- 식비, 임차료, 공과금 등 매달 나가는 필수 생활비를 추정해본다. 긴급 상황에서도 쉽게 줄일 수 없는 비용이다.
- 일을 하지 않더라도 계속되는 모든 소득원(투자 수익, 보험금, 정부 지원금 등)을 공제해본다.
- 남아 있는 소득에 최악의 경우 일을 할 수 없게 될 기간(월)을 곱해본다.

이제 실제로 현금이 얼마나 필요한지를 보여주는 적절한 추정치를 얻었을 것이다. 중요한 점은 집을 살 때 내야 하는 계약금처럼 특정 목적으로 모으는 돈은 별개로 취급해야 한다는 것이다.

비상금은 최악의 상황이 벌어졌을 때 투자 목표와 타협하지 않고 바로 쓸 수 있는 돈이어야 한다.

필요한 비상금 추정치를 보면 어떤 기분이 드는가? 바로 이 지점에서 심리적 측면이 작용한다.

- 금액이 너무 과해 보이는가? 그렇다면 마이너스 통장을 이용하거나 적정 수준의 대출을 받을 수 있는가? 주거비를 절감하기 위해 함께 살 가족이 있는가?
- 금액이 부족해 보이는가? 그렇다면 금액을 더 높이되 초과 금액은 별도의 전용 계좌에 넣어보자. 이 계좌는 향후 선호도가 바뀌었을 때 미래에 투자할 수 있는 돈을 뜻한다. 반면 다른 계좌는 그 외 다른 용도로는 손댈 수 없는 '진정한' 비상금이다.

전반적인 버킷의 크기와 마찬가지로, 보유하고자 하는 (그리고 필요로 하는) 현금의 양은 시간이 지나면서 달라질 것이다. 이는 일회성 결정이 아니라 지속적으로 재평가해야 할 사항이다. 역설적으로 나는 전반적인 자산이 늘면서 절대적인 금액으로나 비율로나 더 많은 현금을 보유하게 되었다. 아마도 투자의 변동성이 급증할 때를 대비해 건전한 현금 기준치를 유지해야만 마음이 놓이기 때문일 것이다.

하지만 여기에는 반전이 있다. 대체로 '보호' 버킷은 사람들이 생각하는 수준보다 자산에서 훨씬 큰 비중을 차지하고 있다는 점이다. 그 이유는 '보호' 버킷이 단순히 현금으로만 구성되지 않기 때문이다. 만약 주택을 소유하고 있다면 그것도 '보호' 버킷에 포함된다.

집이 당신을 부자로 만들어주지 않는 이유

언뜻 보면 집은 현금 비상금과 정반대인 것으로 보인다. 집은 절대 변치 않는 '명목가치'를 지니고 있지 않으며 투자 대상으로서는 가장 유동성이 낮은 편에 속한다. 집을 현금화하려면 몇 분이 아니라 몇 달은 족히 걸릴 것이다.

하지만 집은 분명히 자산으로서 보호 가치를 지니고 있다. 실제로 집을 사는 동기 중 하나는 주거 환경을 스스로 통제하기 위해서다. 주택담보대출을 받았더라도 내 집이라면 세 들어 사는 것보다 더 안정감이 있다. 그리고 주택담보대출을 상환하고 나면 누구도 당신의 집을 빼앗을 수 없다.

하지만 집이 순전히 보호 가치만 있을까? 그렇다고 주장하기에는 다소 어려움이 있다. 20여 년 동안 집을 소유하고 그곳에서 평범하게 살면서 자기 할 일을 해왔는데 집값에 '0' 하나가 더 붙는 놀라운 경험을 한 사람이 많다. 분명히 이는 자산이 단 하나의 목적만을 충족한다는 규칙에서 벗어난 예외적인 사례라 할 수 있다. 시간이 지나면서 집이 주거 안정을 제공하는 동시에 재정 상태까지 개선하지 않았는가?

그러나 나는 이런 주장이 과연 진실인지 확신하지 못하겠다. 지금은 그 어느 때보다도 진실과 거리가 멀다고 생각한다. 20년 전에 집을 20만 달러에 샀고, 현재 집의 가치가 50만 달러가 되었다고 가정해보자. 그 기간에 주택담보대출을 꾸준히 갚아나갔고, 이제 집을 완전히 소유하게 되었다. 서류상으로는 집을 소유한 덕분에 훨씬 부유해졌다. 하지만 이것이 진정으로 의미하는 바는 무엇일까?

우선 20년 동안 매달 저축한 돈을 대출을 갚는 데 사용해야 했다. 만약 대출을 받지 않았다면 저축은 모두 '유지' 또는 '개선' 버킷에 투입되었을 것이다. 주택담보대출 잔액이 줄어들면서 나타난 유일한 효과는 '보호' 버킷이 더 커진 것뿐이었다. 집은 완전히 소유하게 될수록 궁극적인 보호 자산에 더 가까워졌다.

그러다가 집을 완전히 소유하게 되면 초기 투자금이 몇 배, 몇십 배로 불어날 것이라는 기쁜 소식을 듣게 된다. 고작 2만 달러

정도로 집을 샀는데, 집을 팔면 50만 달러를 손에 쥘 수 있게 되는 것이다. 이 시점에서 이렇게 큰 수익을 '유지' 또는 '개선' 유형의 자산으로 전환할 수 있지 않을까?

문제는 집을 팔아야만 자산의 유형을 전환할 수 있다는 점이다. 아마도 당신은 애초에 그 집이 마음에 들어서 그곳에서 살기로 결정했을 것이다. 따라서 그 집을 팔고 다른 집을 산다면 그와 비슷한 크기와 수준, 위치의 집을 사고 싶을 것이다. 그 새로운 집은 현재 집과 대략 비슷한 가격에 사게 되어 집을 팔고 남은 수익은 고스란히 새로운 집을 사는데 들어가 결국 부의 수준은 그대로일 것이다.

이런 추가적인 '보호' 자산은 나중에 '유지'나 '개선' 유형의 자산으로 바꿀 수 있을 것 같지만, 이는 더 작은 집이나 더 저렴한 지역으로 이사할 때만 가능하다. 그래야 남은 현금을 다른 곳에 투자할 수 있게 된다. 이런 방식은 이론적으로는 괜찮을지 몰라도, 막상 실행하기는 쉽지 않다. 영국의 주택 소유자는 평균적으로 약 17년 동안 같은 집에 살며, 주택의 30퍼센트가 두 개 이상의 침실을 여분으로 가지고 있다.[3] 대부분의 선진국이 이와 비슷한 형태다.

결국 집의 크기를 줄이거나 더 저렴한 지역으로 이사한다고 해도, 그곳에 사는 동안 집이 순전히 '보호' 기능만 수행한다는 사실은 변하지 않는다. 마찬가지로 집의 가치를 높이기 위해 집을 리모델링하거나 개조할 수도 있지만, 이 역시 더 작거나 선호도가 낮은 집으로 이사할 때까지 더 큰 '보호' 기능을 제공하는 효과만 있을 뿐이다. 이따금 은퇴를 앞둔 사람들이 '부동산이 곧 연금'이라고 말하는 모습을 볼 수 있다. 터무니없는 주장이다. 집값이 10만 달러든 100만 달러든 집의 기능은 똑같다. 현재 살고 있는 집보다 훨씬 작은 집 혹은 더 저렴한 지역으로 이사하는 경우에만 비로소 집이 '연금'의 역할을 할 수 있다.

아직도 집이 단순히 보호 기능만 제공한다는 사실을 받아들이기 어렵다면, 한 가지를 제안하고자 한다. 구체적으로 투자 목표를 달성하기 위해서든 생활방식을 바꾸기 위해서든, 진정으로 이사할 의향이 있다면 다른 집의 현재 가치를 계산해보라. 현재 살고 있는 집과 다른 집의 가격 차이는 잠재적으로 '유지' 또는 '개선' 버킷에 투입할 수 있는 금액으로 볼 수 있다. 다만 이 금액은 현재 '보호' 버킷에 숨겨져 있는 셈이다. 앞서 살펴보았듯이, 사람들이 실제로 이런 선택을 하는 경우는 드물다. 하지만 미래에 해외로 이주할 계획이 있거나 자녀가 독립한 후에 작은 집으로 이사하고 싶은 마음이 간절하다면, 이 방법이 적합할 수 있다.

그렇다고 오해하지는 않길 바란다. 내 집 마련이 잘못된 투자라는 게 아니다. 집은 모든 사람이 선망하는 중요한 자산이다. 주택 가격이 인플레이션보다 더 빠르게 상승하는 것을 어느 정도 방어해주기 때문이다. 앞으로 구매하고 싶은 집과 그에 상응하는 집의 가격도 비슷하게 상승할 것이다. 뿐만 아니라 세계 여러 지역에서 주택에 대한 세금 혜택은 다른 어떤 자산보다 유리하다.

주택은 실제로 매우 현실적이고 실용적인 보호 기능을 수행한다. 집을 완전히 소유하게 되면 세금과 유지보수비가 들어가는 것을 제외하면 소득이 없더라도 평생 주거에 대한 욕구는 충족될 것이다.

그럼에도 이는 순전히 보호 조치일 뿐이며, 보호의 정도는 동등한 주택을 임차하는 비용을 넘어서지 않는다. 하지만 그게 무슨 대수이겠는가? 일반적으로 남의 집에 세 들어 사는 것은 돈을 낭비하는 행위로 여겨진다. 집을 사기 위해 받은 주택담보대출을 모두 갚게 되면 남의 주택담보대출을 대신 갚아주는 바보 같은 짓을 안 해도 되니, 집을 소유하는 것이 분명히 합리적인 결정이라는 논리다.

임차는 '돈을 버리는 것'일까?

안타깝게도 당신이 무슨 일을 하든 주거비에서 벗어날 수 없는 것이 현실이다. 수리비와 유지보수비는 늘 발생하고, 세금도 내야 한다. 명확하지 않지만, 기회비용도 존재한다. 여기서 기회비용은 집을 사지 않고 다른 곳에 돈을 투자했다면 벌 수 있었을 수익을 말한다.

가령 집을 사기 위해 계약금으로 2만 달러를 냈다고 하자. 이는 의심할 여지없이 투자이지만 기회비용이 따른다. 이 돈을 집을 사는 데 계약금으로 사용하지 않았다면 주식 투자를 하고 잠재적인 가치 상승과 배당금 수익을 노릴 수도 있다.

여기에 매달 갚아야 하는 주택담보대출을 떠올려보자. 일반적으로 대출 상환금은 두 요소로 구성된다. 상환금의 일부는 원금을 갚고, 나머지는 돈을 빌리는 데 드는 비용인 이자로 나간다.

이자는 집세와 다르지 않다. 집을 완전히 소유하지 않은 상태로 거주하는 데 드는 비용인 셈이다. 집주인에게 집을 빌리는 대신 은행에서 돈을 빌려 집을 사는 것이다.

주택담보대출을 갚는 데 쓰는 돈은 순전히 이익으로 여겨질 수 있다. 예컨대 100달러를 갚으면 주택담보대출이 그만큼 줄어들고 집에 대한 지분도 같은 비율로 늘어난다. 하지만 여기에도 기회비용이 숨어 있다. 집에 투자한 100달러는, 가치가 증가하고 부가 소득을 가져다주었을지 모를 다른 자산에 투자하지 못한 100달러를 의미한다.

시간이 지날수록 기회비용은 증가한다. 집의 가치가 100만 달러에 달할 즈음, 기회비용도 막대한 규모로 불어난다. 집에 묶인 엄청난 금액(집은 가치가 10만 달러였을 때보다 더 많은 혜택을 제공하진 않는다)은 곧 다른 자산에 투자하지 못한 돈이다.

기회비용을 무시하더라도 임차가 매매보다 저렴할 수 있다. 미국의 경우 2011년부터 2020년까지 주택담보대출을 받아 집을 사는 경우가 임차보다 12퍼센트 더 저렴했다. 그러나 당시 주택담보대출 금리는 역대 최저 수준이었다. 《이코노미스트》의 분석에 따르면, 현재 미국 카운티의 89퍼센트에서 주택을 빌리는 것이 소유하는 것보다 저렴하다.[4] 그러나 이는 주택 소유자들이 집에 투자하는 자산 가치나 기회비용을 고려하지 않은 수치다. 임차인들이 집을 살 때 필요한 계약금을 다른 자산에 투자해 주택 시장과 맞먹는 성과를 내는 경우, 그들은 더 나은 결과를 얻을 수 있다.

그러나 현실적으로 대부분의 임차인들은 그럴 만한 처지에 있지 못하다. 영국에서는 임차인의 54퍼센트만이 어느 정도 저축을 하는 반면, 주택담보대출을 받아 집을 소유한 사람의 71퍼센트와 완전히 집을 소유한 사람의 86퍼센트가 저축을 한다.[5] 한편 미국의 경우 임차인의 중위 순자산은 6,300달러이고, 주택 소유자의 중위 순자산은 25만 5,000달러다.[6]

여기에는 여러 가지 이유가 있다. 주택 소유자는 나이가 많은 경향이 있고 그만큼 부를 축적할 수 있는 시간이 더 많았을 것이다. 계약금을 낼 수 있었다는 것은 애초에 경제적으로 더 안정적인 위치에서 시작했음을 시사한다. 그러나 이런 이유를 떠나 저축률의 극명한 차이는 사람들이 언제나 소유가 더 낫다고 맹목적으로 믿는 이유를 설명해준다. 그들은 부유한 주택 소유자와 그렇지 못한 임차인을 비교하면서 집이 있느냐 없느냐가 빈부의 차이를 만든다고 가정한다. 그러나 임차인이 집주인과 똑같은 자본금으로 시작해 다른 대상에 투자하기로 했다면 그 차이는 상당히 좁아졌을 것이다.

소유가 언제나 낫다고 여기는 또 다른 이유가 있다. '내 집 마련을 위한 사다리에 오르는 것'의 중요성에 열광하는 사람들은 집을 소유함으로써 개인적으로 엄청난 혜택을 누렸다. 그러나 그런 혜택은 전 세계가 역사를 통틀어 매우 이례적인 시기를 맞은 덕분에 가능했던 것일 수 있다.

'집값 폭등' 시대의 종말

지난 수십 년 동안 전 세계의 많은 지역에서 주택 가격이 가파르게 상승했다. 그러니 사람들이 집을 자산 증식의 주요 수단으로 바라보는 것은 그리 놀라운 일이 아니다. 이로 인해 부동산은 '항상 가치가 오른다'라는 보편적인 인식이 자리 잡았다. 사람들은 부동산에 투자하면 절대 실패할 리 없다며 집값이 더 오르기 전에 서둘러 부동산 시장에 뛰어들어 내 집 마련을 위한 사다리에 올라야 한다고 말한다.

하지만 잠시 생각해보자. 왜 그럴까? 시간이 지나도 건축비가 더 오르지는 않는다. 오히려 신기술이 등장해 더 나은 수준의 집을 더 저렴하게 지을 수 있다. 그렇다면 인구 증가로 주택 수요가 그 어느 때보다 늘어난 것일까? 님비현상$^{NIMBY,\ Not\ In\ My\ Back\ Yard}$(공공의 이익을 위한 개발은 찬성하지만 자기 집 근처에서 이뤄지는 것은 반대하는 현상-옮긴이) 때문에 공급이 수요를 따라가지 못하는 것일까? 이는 어느 정도 사실이지만, 미국과 영국의 주택 가격 추세를 살펴보면 당시 인구 증가 속도와 아무런 관련이 없음을 알 수 있다.

반대로 기업의 주가가 상승하는 이유를 떠올려보자. 기업은 시간이 지나면서 제품을 더 싸고 효율적으로 판매하는 법을 익힌다. 금이나 비트코인과 같이 대체로 비생산적인 자산의 가치가 오르는 이유는 무엇일까? 사실상 공급에는 한계가 있으므로 수요가 증가하면 가격이 오를 수밖에 없다. 주택은 어떨까? 위에 언급한 이유 중 어느 것도 적용되지 않는다. 주택의 가치는 장기간에 걸쳐 상승하지 않았다. 인플레이션을 고려하더라도 마찬가지다.

만약 1890년에 미국에서 집을 샀다면, 25년 후에는 오히려 그 가치가 인플레이션율에 못 미치는 수준으로 약간 올랐을 것이다.[7] 차라리 인플레이션에 상응하는 금리를 지급하는 은행에 그 돈을 넣었다면 집을 사는 것보다 더 높은 수익을 올렸을 것이다. 1920년에 집을 샀다면 어땠을까? 1945년까지 인플레이션율을 고려할 때 더 나은 상황은 아니었을 것이다. 1950년에 집을 샀다면 1975년까지는 약간 손실을 입었을 것이다.

1970년에서 1995년 사이에도 인플레이션율을 감안하면 주택 가격은 거의 변동이 없었다. 명목 주택 가격이 급등했기 때문에 이 사실을 처음에는 믿기 어려울 수 있다. 1970년에 2만 3,000달러였던 일반적인 주택은 1995년에는 13만 달러로 상승했다.[8] 하지만 데이터를 자세히 들여다보면 이런 상승분은 인플레이션 때문이었음을 알 수 있다.

하지만 그 후 변화가 있었다. 1995년부터 2020년까지 25년 동안 주택 가격은 인플레이션 효과를 제거한 후에도 60퍼센트 상승했다. 이후에도 계속 상승해 2022년에는 100퍼센트에 이르렀다. 영국에서도 비슷한 상황이 전개되었다. 1975년부터 1995년까지 주택 가격은 인플레이션 효과를 제거하면 거의 변동이 없었다. 그러나 1995년부터 2020년까지 주택 가격은 무려 116퍼센트

나 상승했다.[9]

이처럼 주택 가격이 폭등하는 현상은 최근 들어 모두가 목격한 일이기에 정상처럼 느껴진다. 하지만 역사적으로 보면 매우 이례적인 일이다. 그렇다면 무엇이 달랐던 걸까?

간단히 말해 금리가 장기적으로 하락세를 보였다. 1990년대 무렵, 미국의 금리는 8.25퍼센트였다. 2000년대에 들어서면 금리는 5.5퍼센트로 떨어진다. 2010년대에 진입하자 0.25퍼센트로 떨어졌다.[10] 영국에서도 같은 양상이 나타났다. 실제로 1990년대 초에 금리는 잠깐 15퍼센트까지 치솟았다. 2000년대 들어 금리는 5.5퍼센트로 떨어졌고, 2020년에는 사상 최저치인 0.1퍼센트를 기록했다.[11] 경제학의 기본적인 개념 중 하나는 금리가 떨어지면 자산 가격이 상승한다는 것이다. 돈을 빌리는 비용이 적을수록 자산을 매수할 의지와 능력이 있는 사람이 많아지고, 이는 다시 자산 가격 상승을 부추긴다. 주택의 경우, 담보대출 이자가 낮아지면 더 많은 금액을 대출로 감당할 수 있게 된다. 매도자도 이 사실을 알고 있기에 주택 가격이 상승하는 경향이 있다.

따라서 1990년대 이후(일부 지역에서는 1970년대 이래로) 주택 가격이 치솟는 현상을 목격한 사람들은 두 가지 영향을 받았을 것이다. 첫 번째는 수십 년에 걸쳐 매우 이례적으로 이어진 저금리 기조다. 금리 하락은 인플레이션을 감안하더라도 주택 가격을 대폭 끌어올렸다. 물론 금리는 2020년에 사상 최저치를 찍은 후 다시 상승세를 보이고 있다. 따라서 금리가 더 하락해 자산 가격에 상승 동력을 제공할 가능성은 있다. 하지만 그 정도의 규모와 기간에 걸쳐 또다시 변화가 일어날지는 의문이다. 그 가능성에 전 재산을 걸지는 않길 바란다. 과거의 저금리 기조는 100년에 한 번 있을까 말까 한 이례적인 현상이다. 다만 그 기간이 오래 지속되다 보니 어느새 우리는 그것을 정상적인 상황처럼 느꼈을 뿐이다.

두 번째 영향은 인플레이션이다. 오늘날 주택 가격은 20년 전보다 올랐지만 우유 가격도 마찬가지로 올랐다. 하지만 사람들은 우유와 다르게 집을 살 때는 주택담보대출의 형태로 빚을 지는 경향이 있다. 이는 인플레이션이 단지 조정이 필요한 변수가 아니라 주택 소유자에게는 매우 유리하게 작용한다는 것을 의미한다.

영국에서 1975년에 집을 사서 1995년까지 보유한 경우를 예로 들어보자. 앞서 살펴보았듯이, 이 기간은 인플레이션 조정 기준으로 볼 때 사실상 집값이 전혀 오르지 않았다. 그러나 주택을 팔 경우 받게 될 명목 가격은 391퍼센트나 상승했다.[12] 바꿔 말하면 10만 달러짜리 주택의 가치가 거의 50만 달러로 불어난 것이다.

이런 가격 상승이 어떻게 가능했을까? 2만 5,000달러의 자기 자금(현금)과 7만 5,000달러의 주택담보대출로 주택을 샀다고 가정해보자. 이자만 납부하고 원금은 상황하지 않는 조건으로

담보대출을 받았다고 치자. 25년 후 7만 5,000달러 대출은 여전히 7만 5,000달러 대출로 남아 있을 것이다. 그러나 자기자본 2만 5,000달러는 42만 5,000달러로 불어나 있을 것이다.

부동산 투자에 열광하는 주된 이유가 바로 여기에 있다. 이자를 내기만 하면 고정된 금액을 많이 빌릴 수 있고, 그 돈으로 적어도 장기적으로 인플레이션에 맞춰 가치가 상승하는 자산을 매수할 수 있다.[13] 게다가 투자하는 동안 임대 소득도 얻을 수 있다.

그러나 이는 투자용 부동산에만 해당하는 이야기다. 나중에 살펴보겠지만, 담보대출을 이용할 경우 투자용 부동산은 '개선' 버킷에 포함될 수 있다. 자기 집에 거주하는 경우도 역시 같은 효과를 누릴 수 있지만, 인플레이션과 관련된 가격 상승은 집을 팔아 더 작거나 더 저렴한 지역으로 이사하기 전까지는 실질적으로 이득을 볼 수 없다.

따라서 주택 가격 급등이 역사적으로 이례적인 현상인 데다 현재 그 추세가 반전되었고, 일반적인 인플레이션과 관련된 주택 가격 상승은 (생활방식을 대대적으로 바꾸지 않는 한) 투자용 부동산에만 유리하다는 점을 고려할 때, 한 가지 중요한 질문에 도달하게 된다. '보호' 버킷에 집을 포함해야 할까?

주택 구매 압박에서 벗어나는 현실적 판단법

지난 수십 년 동안 집을 소유하는 것이 예외적으로 유리한 거래였다고 해서 다른 시기에 불리하다는 보장은 없다. 주택 소유는 경제적 이점 외에도 실용적이며 정서적 안정감을 준다. 많은 국가에서 임차인은 안정적으로 살기 힘들다. 집주인의 허락 없이는 벽에 못 하나 박을 수도 없다. '내 보금자리'에서 느끼는 안정감은 단순히 금전적 가치로 환산하기 어렵다.

여전히 많은 국가에서 경제적 성공은 내 집을 소유하는 것과 동일시된다. 하지만 오랜 기간 임차인으로 남아 있는 편이 합리적인 상황도 많다. 이는 대체로 안정성보다 유연성이 필요하기 때문이다.

예를 들어 많은 젊은 세대가 유연하게 이주할 수 있다면 새로운 직업을 찾기가 더 수월해질 것이다. 집을 팔기까지 적어도 몇 달이 걸리기 때문에 집을 사면 특정 지역에 묶여 선택의 폭이 제한된다. 가족의 상황이 안정적이지 않을 때도 마찬가지다. 작은 아파트를 샀는데 3년 후 결혼하면서 더 큰 집으로 이사하게 된다면 엄청난 거래 비용을 지불해야 할 것이다. 일반적으로 집을 사는 것은 적어도 5~10년 이상 그곳에서 살고 싶다는 확신이 들 때 합리적인 선택이 된다. 그래야 초기 거래 비용을 여러 해에 걸쳐 분산할 수 있다.

안정적인 삶을 원하고 장기적으로 어딘가에 머무를 계획이라면 집을 사는 것이 실용적인 선택이 될 수 있다. 그러나 지금은 서민들이 저축하기가 그 어느 때보다 힘든 시대이므로 여전히 불편한 상충관계를 인정해야 한다. 다른 버킷을 채우는 동시에 주택 소유로 재산을 '보호'할 수 있다면 좋겠지만, 이는 실현하기 쉽지 않다. 실제로 주택담보대출을 갚고 나면 아무것도 손에 남지 않는 경우가 많다. '보호' 버킷을 점점 채우고 있지만, 그 외 다른 자산은 거의 없는 처지가 되는 것이다.

'내 집 마련을 꿈꾸는 사람'의 입장에는 또 다른 단점이 있다. 집을 사는 데 필요한 계약금은 모으는 동안 현금 형태로 가지고 있어야 한다는 점이다. 앞서 살펴보았듯이, 계약금이 필요한 시점에 그 계약금의 가치를 확신할 수 있는 유일한 형태는 현금이다. 저축한 돈을 '보호' 버킷(나중에 주택으로 전환될 테지만 여전히 '보호' 버킷에 속할 것이다)에 현금으로 보관하게 되는데, 그동안 그 현금은 좀 더 수익성이 있는 '유지'와 '개선' 버킷의 자산에 투자하는 데 사용될 수 없다. 저축하는 데 5년이 걸린다면, 그 5년 동안 저축은 기껏해야 인플레이션을 따라가는 수준에 그칠 뿐이다. 주식시장과 같은 다른 투자 상품에 투자하면 얻을 수 있었을 장기적인 이익을 놓치는 셈이다.

집을 사느냐 빌리느냐 하는 질문에 답하기는 어렵다. 집을 매매할 때는 개인적인 선호와 재정 상태를 종합적으로 고려해야 하므로 아무리 완벽한 예측력과 세상에서 가장 세밀한 재정 계획이 있더라도 무엇이 최선의 선택이 될지는 확신하기 어려울 것이다. 나는 당신에게 무엇이 최선일지 알 수 없고, 당신이 집을 소유하는 것을 반대하지도 않는다. 단지 집을 소유하는 것이 항상 옳은 선택이며 부자로 만들어줄 것이라는 근거 없는 믿음에 매몰되지 말고 스스로 질문을 던져보라고 권하고 싶을 뿐이다.

이 모든 것에는 세 가지 의미가 있다. 첫째, 되도록 빨리 집을 사는 것이 항상 바람직하다는 맹목적인 믿음을 버려야 한다. 집을 사야 한다고 말하는 사람은 아마도 자신이 근거로 삼는 믿음이 매우 짧은 기간에 나타난 이례적인 역사적 사례에 기반한다는 사실을 모르고 있을 수 있다.

둘째, 서두를 필요가 없다. 사람들은 가격이 항상 오르는 것을 보고 더 뒤처지기 전에 내 집 마련의 사다리에 올라야 한다고 생각한다. 하지만 대부분의 경우 가격은 인플레이션에 따라 상승할 뿐이다. 따라서 저축과 임금이 최소한 인플레이션 수준에 맞춰 증가한다면 실제로 더 뒤처지는 것은 아니다.

셋째, 자신이 감당할 수 있는 가장 비싼 집을 가능한 한 빨리 사려고 너무 많은 돈을 쏟아붓는 것은 바람직하지 않다. 그러면 다른 투자를 전혀 할 수 없다. 주택 소유가 궁극적으로 옳은 결정이 될 수도 있지만, 구입을 몇 년 뒤로 미루더라도 '유지'와 '개선' 버킷을 동시에 채우면서 어느 정도 균형을 맞추는 것이 더 나은 전략이 될 수 있다.

누구나 알고 있듯, 시간이 지날수록 복리효과가 매우 강력하게 나타나므로 투자를 일찍 시작하는 것이 중요하다. 아니, 과연 그럴까?

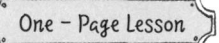

내 집 마련에 대한 불편한 진실

1. 내 집 마련이 항상 최선의 선택은 아니다
이직 가능성이 있거나, 가족 계획이 유동적이라면
주택은 기회의 족쇄가 된다.

2. 집을 사기 전, 다음 두 가지 물음에 답하라
이 지역에 최소 5~10년 머물 확신이 있는가?
주택담보대출을 갚는 것 외에도
주식, 채권 등 다른 자산에 투자할 여력이 있는가?

3. 내 집 마련은 다른 투자 기회를 잃는 것임을 명심하라
현금이 묶여 있는 동안 다른 자산의 성장 기회를 놓치게 된다.

"내 집 마련은 '보호' 자산으로서 가치가 있지만,
재테크의 유일한 해법은 아니다."

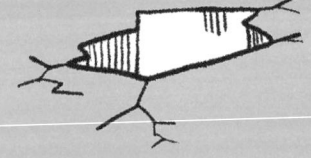

5장 복리

복리는 부자만을 위한 게임이다

← 오해

복리 수익률은
세계 8대 불가사의 중 하나다.
작은 눈덩이가 굴러가면서 커지듯
시간이 지날수록
부가 크게 증가할 것이다.

진실 →

미래 수익률은 실망스러울 수 있으며,
부를 키우는 데 수십 년이 걸릴 수 있다.
기본적인 투자는 자동화하고
더 큰 성과를 추구하라.

쌀 한 톨을 가져와 두 배로 늘리면 두 톨이 된다. 다시 두 배로 늘리면 네 톨이 된다. 이제 두 배로 늘리는 과정을 61회 반복하자. 쌀알은 얼마나 될까?

무려 1,800경을 넘는다(리소토를 좋아하는 사람들에게는 이만한 희소식도 없을 것이다).

또 다른 예로, 종이 한 장을 반으로 접어보자. 어떻게든 초인적인 힘을 발휘해 이 과정을 42번 반복한다. 이렇게 접은 종이의 두께는 얼마나 될까? 이 역시 어마어마한 수치가 나오리라는 것은 짐작했을 것이다. 하지만 그 두께가 달에 닿을 만큼이라는 사실을 알면 충격을 받을 것이다.

이는 술자리에서 나눌 법한 흥미로운 소재지만, 이게 돈과 무슨 관련이 있을까? 사실 쌀알처럼 매년 돈을 두 배로 불려주는 투자는 폰지 사기를 제외하고는 현실에서 찾아볼 수 없지만, 논리는 동일하다. 예컨대 100달러로 시작해서 매년 5퍼센트의 수익을 얻는다고 가정하자. 첫해에는 5달러를 벌게 된다. 다음 해에는 105달러에 5퍼센트의 수익이 붙어 5.25달러가 된다. 이런 식으로 계속 투자를 반복한다. 충분히 오래 살다 보면 결국 우주에 있는 모든 돈을 빨아들이게 되고, 당신의 지갑은 계속 두둑해져 그 자체로 중력처럼 돈을 끌어당기는 힘을 갖게 되지 않을까?

좀 더 현실적으로 살펴보자. 30년 동안 월 500달러를 투자하면 5퍼센트 수익률을 올릴 수 있다고 가정해보자. 그 결과 불어난 41만 6,000달러는 그중 절반 이상이 복리효과 덕분이지, 새로 벌어들인 돈은 아니다.

그동안 투자자들은 장기적으로 번영하는 삶의 열쇠가 기하급수적으로 불어나는 복리에 있다는 말을 들어왔다. 존 C. 보글 John C. Bogle 은 유명한 투자서 《모든 주식을 소유하라》에서 "광범위하게 분산된 주식 포트폴리오를 장기간 보유하면 복리의 마법이 일어나 소액 투자로도 상당한 부를 이룰 수 있다"라고 말했다. 비키 로빈Vicki Robin과 조 도밍후에즈Joe Dominguez의 책《돈 사용설명서》도 다음과 같이 비슷한 주제를 다룬다. "돈을 현명하게 투자해 꾸준히 수익을 올리고, 이를 시간의 흐름에 비례해 복리로 불리는 것이 경제적 자립으로 가는 가장 확실한 방법이다." 요즘 인기를 끌고 있는 투자 플랫폼 너트메그Nutmeg는 복리를 "기적"이라 칭했고,[1] 아인슈타인조차도 복리를 세계 8대 불가

사의 중 하나라고 말했다고 한다(그가 정말 그런 말을 했는지는 정확하지 않다).

복리가 강력한 힘을 발휘하는 것은 맞지만, 삶을 획기적으로 변화시킬 수 있다는 말은 위험할 정도로 과장된 것이다. 복리에 관한 투자 조언을 읽다 보면, 기본적인 금융 자산에 정기적으로 투자하기만 하면 현재의 생활수준을 미래에도 유지할 수 있다는 인상을 받게 된다. 충분히 일찍 투자를 시작했다면, 복리효과의 기적이 미래를 책임져줄 것이라는 믿음이 굳건할 것이다.

하지만 다시 생각해보자. 복리는 분명히 '유지' 버킷이 제공하는 장기적인 성과에 결정적인 역할을 할 것이다. 그러나 복리효과에 대한 지나친 믿음은 극도의 실망을 불러올뿐더러, 적절한 조치를 취할 시간조차 앗아갈 수 있다.

복리가 당신을 구원하지 못하는 이유

호화 크루즈 여행을 떠나고 골프장에서 한가로이 오후를 보내며 여생을 즐기고 싶다면, 연금과 관련된 그 어떤 것도 검색하지 말라. 현재 영국의 연금은 "파멸의 스키 슬로프"[2] 또는 "슬로 모션 자동차 충돌"[3] 등으로 불릴 만큼 매우 우려스러운 상황이다.

과거에는 상황이 전혀 달랐다. 2장에서 살펴보았듯이, 한때 노동자들은 은퇴할 날만을 학수고대했다. 최종 임금과 연차에 따라 평생 보장되는 연간 소득을 연금으로 받을 수 있었기 때문이다. 보통 40년 동안 일했다면 저축이 충분한지, 시장이 어떻게 변할지 전혀 신경 쓰지 않고 생애 최고 소득과 연계된 액수의 연금을 받으며 유유자적하게 카리브해를 항해할 수 있었다. 그러나 오늘날에는 이와 같은 연금 제도가 사실상 자취를 감췄다. 이런 조건을 내세운 상품은 더 이상 가입을 받지 않는다. 이제 일하지 않고도 현재의 생활수준을 유지하고 싶다면 다른 접근방식이 필요하다.

전통적인 방법은 일찍 투자를 시작해 연금이 필요할 즈음에 투자금을 충분히 불리는 것이다. 대부분의 사람은 이를 위해 '유지' 버킷을 채워 넣는다. 시간이 지나면 가치가 복리로 불어나는 자산에 투자해 은퇴 후에도 현재와 같은 생활수준을 누리고자 한다.

이 방법이 벅찬 이유는 두 가지다. 첫째, 스스로 책임지고 투자 대상을 선택해야 한다. 투자에 관한 전문 지식이 없는 상태에서 어떻게든 목표를 달성할 수 있는 자산을 선택해야 하는 것이다. 이는 위험 부담이 적다고 할 수 없다. 아마추어 펀드매니저 역할을 제대로 수행하지 못한다면 미래에 먹고살 돈을 영영 잃는 대가를 치러야 하기 때문이다. 완벽한 해결책은 아닐지라도 다행히 이런 비극을 피할 방법이 있다(이 문제는 다음 장에서 다룰 것이다).

둘째, 많은 금액을 모아야 한다. 시간과 돈의 연결고리를 끊는 것이 적절한지 아직 확신이 서지 않아 67세가 될 때까지 영국 연금·평생저축협회가 책정한 '여유로운' 은퇴 자금인 4만 3,100파운드(한화로 약 8,000만 원)[4]를 모으는 안전한 방법을 선택했다고 가정해보자. 이 금액을 은퇴 계산기에 집어넣어보면, 영국에서 정부 지원을 최대한 받을 자격이 있는 사람을 기준으로 65만 파운드(한화로 약 12억 원) 이상의 연기금이 필요하다는 사실을 알 수 있다.[5] 더 많은 연금을 바라거나 정부 지원이 적은 나라에 사는 사람이라면 이보다 훨씬 많은 돈을 부지런히 모아야 할 것이다. 집을 사고, 아이를 키우고, 인간다운 가치 있는 삶을 살면서 어떻게 그런 엄청난 액수를 저축할 수 있을까?

이렇게 불가능해 보이는 과제에 직면하면 노후 계획 같은 건 미뤄두고 오늘의 삶에만 집중하고 싶어진다. 그래서 사람들에게 포기하지 말고 행동에 나서도록 동기를 부여하고 희망을 주기 위해 새로운 투자 종교가 생겨났다. 바로 복리 수익에 대한 믿음이다.

흥미롭게도 지난 수십 년 동안 복리 수익을 추구하는 투자자들에게 행운이 따랐다. 1장에서 살펴보았듯이, 장기적인 금리 하락 추세는 주식, 채권, 부동산 모두에 호재로 작용했다. 그 결과 대부분의 투자 포트폴리오가 높은 성장률을 기록했고, 복리의 마법이 더 빠르게 나타났다. 동시에 인플레이션은 수십 년 동안 거의 고려조차 되지 않았다.

각국의 중앙은행은 통화정책을 영리하게 운영해 인플레이션을 영원히 근절했다며 '대안정기 Great Moderation'가 도래했다고 주장했다. 결과는 어땠을까? 자산은 복리로 빠르게 불어났고, 인플레이션이 미래 생활수준을 크게 갉아먹지 않을 것이라고 확신할 수 있었다.

하지만 이제 모든 것이 바뀌었다. 복리에 대한 맹신에도 균열이 나타나고 있다. 앞서 설명했듯이 미래에는 변동성이 큰 인플레이션이 반복될 가능성이 있다. 아마도 인플레이션은 평균적으로 금리보다 높은 수준을 유지할 것이다. 이는 투자 가치가 과거처럼 꾸준히 상승할 것이라고 가정하는 사람들에게 문제가 된다.

높은 인플레이션만으로도 충분히 좋지 못한 상황이다. 연금 65만 파운드라는 수치는 인플레이션율을 평균 2.5퍼센트로 가정한 값이다. 인플레이션이 이보다 높아지면 단순히 구매력을 유지하기 위해서라도 연금 총액을 훨씬 높여야 할 것이다.

한편 '공짜 돈'의 종말은 상황을 더욱 복잡하게 만든다. 이제 금리는 더 이상 지속적으로 하락하지 않기 때문에, 모든 자산의 가치를 동시에 끌어올리는 구조적인 힘도 사라졌다. 아직 확언할 수 없지만, 향후 20년 동안 투자에 대한 전반적인 수익률이 지난 20년보다 낮아질 가능성이 매우 크다.

2020년 무렵부터 부상하기 시작한 금융 인플루언서들의 조언을 들으면 이런 상황을 알아차리기 어려울 것이다. 이들의 통찰이 큰 도움이 되지는 않았다. 최근에는 전문가와 진중하게 대화를 나누기보다 틱톡과 인스타그램에서 활동하는 인플루언서들의 말에 귀를 기울이며 투자 관점을 형성하는 사람이 폭발적으로 늘어났다. 믿기 힘들겠지만 복리 수익의 개념을 설명하는 동영상이 수천만의 조회 수를 기록하기도 했다.

투자에 대한 인식이 높아지는 것이 어떻게 나쁘겠는가? 문제는 누군가가 투자 계좌를 개설할 때마다 이런 인플루언서들에게 보상이 주어진다는 점이다. 즉, 돈을 벌기 위해 사람들의 행동을 유도하는 과정에서, 투자 수익을 되도록 흥미진진하게 보이도록 연출하는 것이 그들의 이익에 부합한다는 의미다. 이런 인플루언서들은 미국 주식시장이 지난 100년 동안 연평균 약 10퍼센트의 수익률을 기록했다는 사실에 주목했다. 그리고 이를 근거로 단순히 투자만 하면 연간 10퍼센트의 복리로 돈이 불어나 엄청난 부를 축적할 수 있다고 주장한다.

투자에 대한 사람들의 열망을 꺾고 싶지는 않다. 다만 이 논리에는 몇 가지 위험한 허점이 있다. 우선 역사적으로 한 나라가 수 세기에 걸쳐 계속해서 선두를 유지하는 경우는 거의 없었다. 만약 투자 기간 동안 미국이 계속해서 세계 패권국의 지위를 유지하지 못한다면 어떨까? 당신은 새로 떠오를 승자를 미리 선택해 그곳에 돈을 투자할 자신이 있는가? 설령 가능하다고 해도 주식 시장이 12년에 한 번씩 폭락(30퍼센트 이상 하락)하는 경향[6]이 있다는 것을 알면서도 달걀을 한 바구니에 담을 수 있겠는가?

도저히 마음이 편치 않아 여러 바구니에 달걀을 나누어 담는 분산투자를 했다고 가정해보자. 당연히 그 바구니들이 모두 최고의 성과를 낼 수는 없다. 따라서 한 가지 자산에서 대박이 나는 위험한 꿈을 포기하고 10퍼센트가 아닌 7퍼센트 수익률에 만족해야 할 수도 있다.

이때부터 상황은 악화된다. 10퍼센트는 물론이고 마지못해 하향 조정한 7퍼센트도 인플레이션을 고려하지 않은 목표치이기 때문이다. 이런 수익 중 일부는 단순히 현상 유지를 가능하게 해줄 뿐이다. 가령 인플레이션이 연 2퍼센트로 진행된다면 '실질적인(인플레이션을 제거하고 현재의 화폐 가치로 환산했을 때)' 수익률은 연 5퍼센트에 그친다.

나는 여전히 이런 가정이 유효하다고 보지만 그렇다고 당신을 더 우울하게 만들고 싶지는 않다. 사실 이론상 10퍼센트와 좀 더 현실적인 5퍼센트로 복리 계산을 하면 엄청난 차이가 난다. 만약 10만 달러를 30년 동안 연 10퍼센트의 복리로 불린다면 결과적으로 200만 달러에 조금 못 미치는 금액이 된다. 그렇다면 연 5퍼센트 복리로 계산하면 그 절반인 100만 달러가 될까? 그렇지 않다. 복리가 작동하는 방식 때문에 50만 달러에 그친다.

변화하는 금융업계를 감안해 더 현실적인 가정을 적용하면 복리의 마법은 확연히 줄어든다. 하지만 안타깝게도 복리의 단점은 여기서 그치지 않는다.

기적은 시간이 걸린다

연봉이 3만 달러인 20세 청년이 일반적인 투자 조언을 따라 연봉의 10퍼센트를 투자한다고 가정해보자.

그는 매년 연봉이 5퍼센트씩 인상될 때마다 저축액도 부지런히 5퍼센트씩 늘렸다. 투자 수익으로는 연간 5퍼센트를 달성했다. 단순하게 가정하면 이 5퍼센트는 인플레이션을 반영한 후의 수익이다. 따라서 미래에 받게 될 금액으로 현재와 같은 수준의 물건을 살 수 있을 것이다.

첫해에 3,000달러를 투자해 150달러의 수익을 얻었다. 고무적인 성과다. 60세가 되자 놀라운 일이 일어났다. 투자 수익이 연간 4만 달러에 달한 것이다. 3,000달러였던 최초 투자금이 84만 4,252달러로 불어났는데, 그중 절반 미만이 원금이고 대부분이 투자 수익에서 나왔다.

단순히 생각하면 대단한 결과처럼 들린다. 별다른 노력을 들이지 않아도 매년 첫 연봉보다도 많은 수익을 벌어들이니 말이다. 이 모든 것이 아주 적은 투자금을 꾸준히 적립해 이뤄낸 성과다.

60세가 될 때까지는 모든 것이 잘 굴러간다. 하지만 이 계획을 20년 동안 실행한 후 40세가 되었을 때의 상황을 상상해보자.

이 시점에는 연봉 15만 달러를 벌어 연간 7,580달러를 투자하고, 투자 수익으로 7,484달러를 벌어들인다. 만약 이때 투자를 중단한다면 그리 대단한 성과를 올리지 못할 것이다. 투자 계좌에는 총 16만 1,359달러가 쌓이는데, 그중 3분의 2인 10만 2,000달러 이상이 투자 원금이니 말이다. 만약 일한 지 20년이 흘렀을 때 회사 생활이 자신에게 맞지 않는다고 판단하거나 질병이나 집안 사정으로 어쩔 수 없이 일을 그만둬야 한다면 투자 수익 7,484달러는 부족한 수입을 메우기에는 턱없이 부족한 금액일 것이다.

20세에 일을 시작하지 않거나 40세가 될 때까지 투자를 시작하지 않는다면 어떨까? 이는 흔한 일이다. 뒤늦게 돈을 벌기 시작하거나, 갚아야 할 빚이 있거나, 집을 사기 위해 저축을 하며 '보호' 버킷을 채우기 바쁘거나, 재테크를 공부하기보다 여가 시간에 더 흥미로운 일을 하느라 투자는 전혀 생각하지 않는 사람이 많기 때문이다. 초봉이 높다면 더 많은 돈을 저축하고 투자할 수 있겠지만 여전히 똑같이 20년 동안 일해야 한다. 앞서 살펴본 바와 같이 20년은 복리효과가 나타나기에는 턱없이 부족한 기간이다.

이러한 사례들은 복리의 안타까운 현실을 보여준다. 복리는 모든 기회를 뒤로 미룬다. 처음 수십 년 동안 투자금의 증가는 대부분 투자 원금에서 비롯되며, '수익률'은 한참 후에야 의미 있는 수준으로 누적되기 시작한다. 20세부터 60세까지 일하는 사람의 사례를 보면, 놀랍게도 투자금의 4분의 1이 마지막 5년 동안 축적된 것이다. 워런 버핏Warren Buffett이 65세를 넘긴 후에야 재산의 99퍼센트를 벌어들인 이유[7]가 바로 여기에 있다. 65세에 이르렀을 땐 이미 40년 동안 복리가 적용되었고 이후 복리효과가 30년 가까이 지속되었다. 복리로 진정한 부를 쌓고 싶다면 오래 살 수 있도록 건강에 각별히 신경 써야 할 것이다.

학교를 졸업하자마자 투자를 시작한다 해도 50세가 되기 전에는 투자 성과를 누리지 못할 것이다. 인생에서 돈이 드는 경험을 제대로 누릴 수 있는 젊은 시절이나 가족을 부양하느라 경제적으로 가장 빠듯한 중년기에는 복리로 불어나고 있는 돈은 전혀 쓸모가 없다. 그러다가 주택담보대출을 다 갚고, 자녀가 독립해 분가하고, 돈이 많이 드는 활동에 대한 의욕이 사라지면서 지출이 줄어드는 나이에 도달할 즈음, 갑자기 투자금이 크게 불어나면서 해가 갈수록 부유해지기 시작한다.

살면서 경험이나 물질적 안락함을 많이 누리지 못한 채 거액의 유산을 남겨두고 세상을 떠나는 사람이 많은 것도 이 때문이다. 돈이 생겼을 때쯤에는 이미 소비하는 습관을 들이기 어려워졌던 것이다.

이것이 투자에 관한 조언의 결정적인 한계다. 일관된 복리효과 너머의 것을 허용하지 않는다. 즉, 매우 이른 시기에 투자를 시작하지 않는 한, 복리효과가 본격적으로 작동할 시간이 많지 않다. 은퇴 후 단순히 안락한 생활을 넘어 더 풍요로운 삶을 목표로 삼고 있는가? 후손이 대대손손 잘 먹고 잘살 수 있도록 막대한 부를 쌓아 물려주고 싶은가? 일반적인 투자 조언을 따른다면 그런 목표는 달성하기 힘들 것이다.

이런 내 지적이 우울감을 안겨주었을지 모르겠다. 그러나 그것은 내가 의도한 바가 아니다. 복리의 무용성을 주장하는 것도 아니다. 복리의 이점은 확실히 이용하는 것이 좋다. 그러나 복리가 인생 역전이 가능할 만큼 큰 수익을 가져다주지 못하더라도 실망하지 않도록, 복리가 달성할 수 있는 결과를 현실적으로 파악하는 것이 중요하다. 복리효과의 한계를 지금 명확하게 인식한다면 다른 유형의 투자를 추가로 고려할 시간적 여유가 있다(이에 대해서는 7장에서 다룰 것이다).

복리가 하는 일을 결코 의식하지 마라

복리가 모든 문제를 해결해주는 마법의 수학 공식이 아니라고 해서 완전히 버려서는 안 된다. 오히려 제대로 활용할 방법을 이해해야 한다.

'유지' 버킷에 속하는 복리는 기존 삶의 질을 유지하는 데 도움이 될 수 있지만 삶 자체를 획기적으로 바꾸지는 않을 것이다. 그렇다고 해서 무시해서는 안 된다. 복리를 효과적으로 활용하면 우리가 열심히 '훌륭한' 일을 하는 동안 뒤에서 '좋은' 일이 조용히 진행될 것이다.

다만 복리 과정에 의식적으로 들이는 노력의 양을 제한해야 한다. 보호, 유지, 개선이라는 세 가지 투자 동기의 균형을 어떻게 맞추느냐에 따라 '유지' 버킷이 투자에서 큰 비중을, 또는 아주 작은 비중을 차지할 수 있다. 하지만 규모와 상관없이, 필요 이상으로 가치를 부여하지 않으면서 기하급수적으로 늘어나는 수익의 이점을 활용하려면 복리 시스템을 마련해야 한다. 이 과정에는 네 가지 특징이 있다.

용이성

복리 시스템의 첫 번째 특징은 쉽게 작동해야 한다는 점이다. 이미 살펴보았듯이, 시간을 투자하거나 전문 지식을 개발하지 않은 채 인플레이션을 5퍼센트 상회하는 수익률을 달성하는 것이 오히려 현실적인 목표가 될 수 있다. 하지만 그 정도로 만족하지 않고 저녁과 주말에 책을 읽고, 투자 유튜브를 시청하고, 대차대조표를 읽는 법을 배우고, 기업 보고서를 분석하고, 경제 전망을 다루는 다양한 이론을 탐구하는 등 많은 노력을 기울인다고 상상해보자. 그렇게 하면 결과적으로 7퍼센트까지 수익률을 높일 수 있을 것이다.

이는 별것 아닌 것처럼 들리겠지만, 매년 평균보다 2퍼센트 더 높은 수익률을 달성하는 것은 매우 어려운 일이고, 대부분의 전문가도 이를 달성하지 못한다. 하지만 이런 목표를 성공적으로 달성했다고 가정해보자. 20년 후에는 (이전 예시와 똑같은 가정 아래) 투자금이 총 16만 1,000달러가 아닌 19만 8,500달러로 불어날 것이다.

나는 이 예시가 너무나 충격적이어서 사실인지 확인하기 위해 두 번이나 다시 계산했다. 놀랍게도 이는 사실이다. 연간 투자수익률이 5퍼센트에서 7퍼센트로 올라가면 20년 동안 총 3만 7,500달러의 추가 수익을 얻게 된다. 이 목표를 달성하는 데 주당 두 시간만 투자한다 치자(놀라울 정도로 적은 시간이라고 생각한다). 20년 동안 이 추가 수익을 시간당 수익률로 환산하면 9.37달러에 달한다.

물론 시간을 투자해 그보다 더 많은 수익을 올릴 방법은 얼마든지 있다. 저조한 투자 수익을 감수할 위험 없이 집을 청소하거나 우버 택시를 운전하는 것만으로도 돈을 더 벌 수 있다. 심지어 이 모든 노력을 멈추고 여가를 즐긴다 해도 큰 차이는 없을 것이다. 이런 접근법이 오히려 안전할 수도 있다. 평균 수익률을 뛰어넘으려 애를 쓰다 보면 잘못된 판단을 내려 더 나쁜 성과를 낼 가능성이 적지 않다. 즉, 시간을 소비할 때마다 실제로는 비용이 발생한다는 뜻이다.

복리효과가 쉽게 작동하는 이유가 바로 여기에 있다. 굳이 노력할 만한 가치가 없다. 그렇다면 미래의 재정 상태에 긍정적인 영향을 미치기 위해 직접 할 수 있는 일이 아무것도 없다고 봐야 할까? 전혀 그렇지 않다. 앞으로 우리는 '개선' 버킷을 논하면서 더 높은 수익률을 올리기 위해 기술과 노력을 적용하고 어느 정도 위험을 감수할 수 있는 다양한 영역을 다룰 것이다.

앞서 은퇴에 관한 오해를 파헤칠 때 언급했듯, 수익률을 높일 방법을 조사하는 데 들일 시간을 차라리 경력을 개발에 도움이 되는 방향으로 활용하는 편이 훨씬 낫다. 그러면 미미한 투자 수익 증가분을 크게 웃도는 추가 소득을 창출할 것이며, 어떤 위험도 감수할 필요가 없다.

일관성

두 번째 원칙은 복리 시스템에 '일관성'을 갖춰야 한다는 것이다. 시간이 지나면서 작지만 꾸준한 이익이 쌓이고 재투자가 이루어지는 과정을 통해 복리의 마법이 일어난다. 이는 거대하고 무거운 손잡이를 돌리는 것에 비유할 수 있다. 처음에는 손잡이를 약간 움직이는 것조차 힘들지만, 결국에는 추진력을 얻어 작동을 멈추기 어려울 정도로 빠르게 돌릴 수 있다. 하지만 손잡이가 움직이기 시작할 때마다 멈춘다면 결코 추진력을 얻는 지점에 도달하지 못할 것이다. 힘든 초기 단계를 몇 번이고 반복해도 좀처럼 성과를 올리지 못할 것이다.

이에 대해 워런 버핏의 뛰어난 사업 파트너인 찰리 멍거 Charles Munger는 "복리의 첫 번째 규칙은 불필요하게 복리를 방해하지 않는 것"[8]이라고 말했다. 간헐적으로 탁월한 성과를 올리기보다 해마다 꾸준히 실행할 수 있는 계획을 세우는 편이 훨씬 효과적이다.

자동화

한 유명 온라인 증권사는 최고 실적을 올린 고객들의 특징을 파악하기 위해 설문조사를 실시했다. 그 결과 그들은 뜻밖의 사실을 발견했다. 바로 사망한 고객들이었다는 점이다.[9] 사망했기에 포트폴리오를 조정하고 싶은 유혹에서 벗어날 수 있었고, 증권사 앱에 들어가 최악의 시점에 매수나 매도 버튼을 눌렀던 사람들보다 더 나은 실적을 올릴 수 있었다(정확하게는 상속인들이 덕을 봤다).

이것이 바로 복리 시스템이 '자동화'되어야 하는 이유다. 자동화는 잘못된 판단을 내리지 않도록 투자자를 보호한다.

이 장에서는 수익률이 매년 일정하게 유지된다는 가정 아래 예시들을 단순하게 만들었다. 하지만 현실은 완전히 다르다. 어떤 해는 15퍼센트 이상의 환상적인 수익률을 기록할 것이고, 또 어떤 해는 반대로 마이너스 수익률을 올려 끔찍한 해로 남을 수 있다. 그러면 아무리 더 많은 현금을 집어넣더라도 연초보다 적은 금액으로 한 해를 마무리하게 된다.

인간 심리의 특성상 세상의 흐름과 상관없이 똑같은 조치를 반복하기보다는 매번 다른 접근법을 채택한다. 그러나 그러다 보면 돌이킬 수 없는 손실을 내는 실수를 저지르게 된다. 불안한 소식을 듣거나 시장이 다소 불안정해 보이는 시기에는 투자를 보류하고 싶은 유혹에 빠진다. 조금만 기다리면 더 저렴한 가격에 매수할 수 있겠다는 생각도 든다.

하지만 이런 마음은 정확히 잘못된 길로 인도할 것이다. 시장 분위기가 긍정적이고 가격이 높을 때만 매수하고, 시장 분위기가 좋지 않아 가격이 폭락했을 때 매수를 주저한다면 좋은 기회를 잡을 수 없다.

분산투자

이미 설명했지만, 단순히 평균 실적에 만족하기로 결정했을 때 그보다 더 나은 실적을 얻으려고 노력하는 것은 말 그대로 시간낭비다. 기껏해야 최저임금에도 못 미치는 수익을 얻기 위해 애를 쓸 가능성이 크고, 최악의 경우 잘못된 결정을 내려 차라리 아무것도 하지 않았을 때보다 더 나쁜 상황에 처할 수 있다. '분산투자' 또는 '다각화^{diversification}'(한 종목에 '몰빵'하지 않고 여러 종목에 분산한다는 의미)는 이런 매력적인 평균 수익률을 달성하는 방법이다.

그렇다면 얼마나 분산투자를 해야 할까? 전체 시장의 성과에 맞추는 것이 목표인 인덱스펀드에 투자하면 충분할까? 그렇게 생각하는 건 또 다른 위험한 오해로 이끌 뿐이다. 나는 이 오해를 풀기 위해 다음 장 전체를 할애할 것이다.

내 인생에 복리 시스템을 구축하는 법

기름칠이 잘된 복리 시스템은 '먼저 저축하라'는 투자 조언에서 기능하기 시작한다.

간단히 말해, 급여가 들어오자마자 바로 투자 플랫폼으로 돈이 빠져나가도록 자동 이체를 설정하라는 뜻이다. 그렇게 하면 용이성, 일관성, 자동화라는 요건을 모두 충족할 수 있다. 일단 자동 이체를 설정해놓으면 투자를 꾸준히 이어가는 것보다 중단하는 것이 더 수고로운 일이 된다.

급여에서 정기적으로 연금 납입금을 빼서 직접 투자하고, 고용주 역시 그에 상응하는 금액을 추가로 납입해주는 방식도 있다. 이 방식이 가능하다면 투자자는 무상으로 추가 투자금을 얻는 셈이며, 이는 최소한의 노력으로 달성할 수 있는 최고의 투자수익률을 의미한다.

유일한 단점은 국민연금 수령 연령에 도달할 때까지 자금이 묶인다는 점이다. 하지만 이것은 대다수에게 문제가 되지 않는다. '유지' 버킷은 어차피 수십 년 동안 그대로 놔두어야 효과가 있기 때문이다.

다음으로 할 일은 투자 플랫폼에서 선택한 자산을 매달 반복적으로 '매수'하도록 설정하는 것이다. 거의 모든 플랫폼에서 매수하고 싶은 투자 대상을 선택하고, 일정 금액의 현금이나 일정 비율의 예금을 각 자산에 할당하는 식으로 이 과정을 자동화할 수 있다.

이 과정에서 가장 중요한 건 자동화 설정이다. 그렇게 하지 않으면 매달 직접 투자 앱에 로그인해야 한다. 대부분은 이를 어기기 쉽다. 그날의 경제적 불확실성이 어떻게 풀리는지 '기다리고 지켜보면서' 현금을 쌓아두고 싶은 유혹이 강력하게 작용할 것이다. 결국 그런 우려가 잊히는 순간 필연적으로 새로운 우려가 생길 것이다. 결과적으로 저축은 했지만(저축하지 않는 것보다는 낫다) 일관적인 투자는 할 수 없게 된다.

다음 단계는 생각보다 정말 어렵다. 바로 아무것도 하지 않는 것이다. 로그인할 필요가 없도록 투자 과정을 자동화한 후에는 다시 로그인하는 것이 더 번거롭게 만들어야 한다. 쉽게 로그인하게 되면 자꾸 투자 성과를 확인하게 되고 그렇게 되면 으레 개입하고 싶은 유혹에 빠질 것이다. 그러나 이는 수익을 높이기보다는 오히려 손실을 안길 가능성이 크다(사망을 통해 막대한 수익을 올린 투자의 마법사들을 떠올려보라).

필요하다면 신뢰할 만한 사람에게 비밀번호를 넘기는 것도 방법이다. 어떤 투자를 하든 증권사의 모바일 앱을 설치하지 않는 것이 좋다. 진행 상황을 확인하기 쉬울수록 잘못된 결정을 내릴 위험도 커진다. 수십 년 후에 승리할 수 있는 게임에 참여하고 있다는 사실을 충분히 인지하더라도 이따금 등장하는 붉은 숫자(서구권에서 적자나 손실을 나타낼 때 사용하는 색상으로, 동양권에서 상승을 의미하는 빨간색과는 반대 개념이다 - 옮긴이)와 하락 화살표로 가득한 앱 화면을 지켜보는 건 그리 유쾌하지 않다. 그런 환경은 잘못된 결정을 유도할 뿐만 아니라 정신 건강에도 좋지 않다. 그러니 자동화한 후에는 거리를 두기 바란다.

복리 시스템이 후방에서 꾸준히 작동하는 동안 '유지' 버킷은 점진적으로 성장할 것이다. 복리가 삶을 기적처럼 바꾸지는 않을 것이며 결과가 곧바로 나오지도 않을 테지만, 대체로 해마다 조금씩 상황이 나아지면서 돈이 쌓이게 될 것이다. 돈은 당신을 대신해 점점 더 많은 돈을 벌어들일 것이고, 궁극적으로 수고로움을 덜어줄 것이다.

하지만 꼭 짚고 넘어가야 할 중요한 세부 사항이 있다. 무엇에 투자 자동화를 설정해야 할까? 이는 매우 중요한 질문이므로 별도의 장을 할애해 자세히 다루고자 한다. 특히 바로잡아야 할 또 다른 치명적인 오해가 있다.

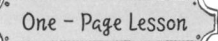

자산 성장을 위한 4단계 자동화 시스템

1. 급여가 들어오는 순간, 돈이 스스로 움직이게 하라
급여의 일정 부분이 즉시 투자 계좌로 이체되도록 설정하라.

2. 한 번 설정하고, 영원히 투자하라
감정에 흔들리지 않는 규칙적인 투자가 평균보다 높은 수익을 만든다.

3. 투자 후 잊어라
투자에서 가장 어려운 단계는 아무것도 하지 않는 것이다.
투자 앱을 삭제하고, 계좌 확인을 멈춰라.

4. 복리가 일하는 동안, 더 가치 있는 곳에 집중하라
투자 전략을 연구하는 대신
경력 계발이나 부수입 창출에 시간을 투자하라.

"복리는 기적이 아니다.
그것은 인내심 있는 부자들이 사용하는
도구일 뿐이다."

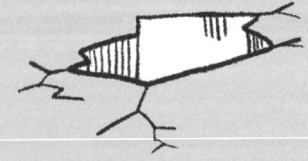

6장
분산투자

'평범함'만 보장하는 투자 전략

← **오해**

주식과 채권에
분산투자하는 것이 안전하다.

진실 →

전통적인 분산투자 방식은
더 이상 효과적이지 않다.
이제는 훨씬 더 멀리 내다봐야 한다.

2022년은 전통적인 금융 지식이 통하지 않는 해였다. 투자자들에게는 몹시 힘든 시기이기도 했다. 뱅가드 그룹의 대표 상품인 라이프스트래티지 펀드 LifeStrategy Funds 가입자 중 주식에 100퍼센트 투자한 사람들의 포트폴리오는 가치가 6퍼센트 하락했다.[1] 하지만 이는 이례적인 일이 아니다. 시장은 종종 침체될 수 있으며 전년도에 19퍼센트나 상승했기 때문에 투자자들이 불평할 만한 상황은 아니었다.

충격은 이러한 하락을 피하기 위해 적극적인 조치를 취한 투자자들에게 일어났다. 이들은 위험을 줄이기 위해 주식 60퍼센트, 채권 40퍼센트로 구성한 같은 펀드의 다른 버전을 매수해 위험을 줄이기로 했다. 그런데 이전의 하락장에서는 이런 선택이 옳았을 테지만, 이번에는 그렇지 않았다. 그들은 훨씬 더 나쁜 성과를 거두었다. 연말이 되자 투자금은 11퍼센트 이상 감소했다.[2]

이 경험은 지난 70년 이상 금융 전문가들이 안정적이고 저위험의 포트폴리오를 구성하는 방식을 주도해온 핵심 가정 중 하나와 정면으로 충돌했다. 미국의 경제학자 버턴 G. 말킬[Burton G. Malkiel]의 저서 《랜덤워크 투자수업》에 따르면, "주식과 채권으로 구성된 혼합된 포트폴리오는 각 구성 요소를 단독으로 보유할 때보다 위험이 적을 수 있다. 분산투자는 위험을 줄이는 전통적인 방법이다." 하지만 2022년에는 그렇지 않았다. 당시 절망에 빠진 한 분산투자자는 이렇게 말했다. "나는 계좌를 확인하는 것조차 두렵다. 울음이 터져 나올 것만 같다."

무엇이 잘못된 걸까? 2022년은 무시하고 넘겨도 좋을 단순히 일시적인 현상일 뿐일까? 2022년과 같은 상황이 반복되지 않기를 바라지만, 그해는 신중한 투자자들조차 자신이 인식하지 못하는 위험을 더 많이 감수하고 있다는 가능성을 보여주었다. 수십 년 동안 어떤 일이 닥쳐도 견딜 수 있는 '유지' 버킷을 구축하려는 사람들에게 이것은 중요한 의미를 지닌다.

인덱스펀드가 충분하지 않은 이유

흡연의 위험성과 안전벨트 착용의 이점처럼, 개별 주식을 고르는 것이 그리 현명하지 않다는 건 굳이 설명할 필요가 없을 만큼 널리 알려진 사실이다. 물론 제2의 엔비디아^{Nvidia}(최근 6개월 만에 주가가 두 배 이상 올랐다)를 발굴하고 싶은 유혹은 항상 존재한다. 하지만 대다수는 무심코 제2의 위워크^{WeWork}(주가가 500달러 이상이었지만 1달러 미만으로 폭락했다)를 선택할 위험이 매우 높다는 것을 알 수 있다.

실제로 유튜브에서 '초보자를 위한 투자'를 검색해보면 인덱스펀드 투자의 장점을 설파하는 영상을 쉽게 찾을 수 있다. '펀드'는 여러 사람의 돈을 모아 투자하는 일종의 공동구매다. 투자자들의 돈은 여러 기업의 주식에 투자된다. '인덱스^{Index}'는 미국 500대 기업$^{S\&P500}$이나 영국 100대 기업$^{FTSE\ 100}$과 같은 특정 기준을 충족하는 기업들의 집합을 의미한다.

인덱스펀드는 투자자들의 돈을 모아 특정 지수를 구성하는 모든 기업에 투자한다. 각 투자자는 종목별로 번거로운 절차를 거치거나 거래 수수료를 일일이 내지 않고도 각 기업 주식을 개별적으로 매수했을 때와 동일한 수익을 얻을 수 있다. 또한 펀드가 지수의 성과를 단순히 추종하는 것을 목표로 하기 때문에 전체 시스템이 자동으로 운영되도록 설정할 수 있다. 즉, 주식 전문가들이 영리하게 주식을 선별하려 하면 수수료가 높아져 투자자의 수익률을 상당 부분 갉아먹을 수 있지만, 인덱스펀드 운용 수수료는 거의 무시해도 좋을 정도로 낮은 편이다.

이처럼 인덱스펀드는 작동 방식이 아주 깔끔해서 열렬한 찬사를 받을 만하다. 즉, 인덱스펀드는 승자가 될 개별 주식 종목을 선별하는 위험한 과정을 피하는 대신 엔비디아와 위워크에 두루 투자해 평균 수익률을 달성한다. 1년 안에 원금이 두 배로 늘어나지는 않지만, 상당한 손실을 낼 가능성도 낮다. 승자와 패자 종목 모두 지수에 포함되어 있기 때문에, 극단적인 변동이 일어나도 서로 상쇄되어 안정적인 수익을 얻을 수 있다.

어떤 노력이나 지식도 필요하지 않다. 향후 20년 동안 기업 실적이 어떻게 될지 예측하기는 어렵지만, 한 국가의 기업들이 평균적으로 가치가 증가할 것이라는 점은 거의 확실하기 때문이다. 인덱스펀드를 보유하면 기업들이 성장할 때 그 혜택을 누릴 수 있다.

이는 분산투자의 원리의 핵심을 보여준다. 서로 공통점이 많지 않은 여러 자산을 보유할 때 분산투자의 이점을 누릴 수 있다. 예를 들어 석유 기업 10개 사의 주식을 보유하고 있는데 전 세계 석유 수요가 감소한다면 10개 사 모두 같은 방식으로 영향을 받을 것이라고 예상할 수 있다. 이처럼 유사한 업종에만 집중하면 분산투자의 효과는 미미하다.

반면 인덱스펀드는 좀 더 분산투자가 잘되어 있다. 은행, 기술 업체, 소매 업체 등 다양한 기업으로 구성되어 있기 때문에 석유 기업들에만 투자했을 때 발생하는 위험을 피할 수 있다. 각 기업은 다른 조건에서 다양한 시기에 성과를 낼 것이다.

하지만 특정 국가에만 투자하는 인덱스펀드를 매수한다면, 기대만큼의 성과를 내지 못할 수도 있다. 2022년 초에 승자 종목을 선택하려는 유혹에 넘어가지 않고 S&P500 펀드에 투자한 자신을 칭찬했는가? 그렇다면 그해 크리스마스까지 거의 20퍼센트의 손실[3]을 봤음에도 왜 그 펀드가 안전하다고 생각했는지 의문이 들 것이다. 20세기 마지막 날에 달성한 지수를 다시 돌파하기까지 무려 16년이나 걸린 영국의 FTSE 100에 장기투자한 사람들도 크게 실망했을 것이다.[4]

어떤 국가의 운명에 영향을 미치는 일이 발생하면 그 국가에 본사를 둔 모든 기업의 가치가 동시에 영향을 받게 되는 문제가 있다. 이를 피하려면 한 단계 더 깊이 들어가 지리적 분산투자를 구축해야 한다. 이는 펀드 내에서도 충분히 해결할 수 있다. 다양한 국가에 초점을 맞춘 개별 펀드에 투자하는 전 세계 지수를 매수하는 것도 쉽다. 각 펀드에는 해당 국가 내 수백 개의 개별 기업이 포함되어 있다. 따라서 증권사 앱을 몇 번만 조작하면 스페인부터 한국에 이르기까지 전 세계 수천 개 기업의 평균적인 주가 성과에 연동될 수 있다.

그러나 안정적이고 예측 가능한 '유지' 버킷을 원하는 사람에게는 안타깝게도 이런 국제적 접근방식조차 이전과 같은 분산투자 효과를 제공하지 않는다. 지난 세기 동안 미국 시장은 세계를 지배했다. 열정적인 투자자들에 힘입어 미국 기업들의 가치가 높아져 이제 미국이 전 세계 모든 기업의 시가총액 중 60퍼센트 이상을 차지한다. 결과적으로 미국 지수를 추종하는 펀드가 일반적인 글로벌 인덱스펀드의 최소 60퍼센트를 구성하고 있다. 세계 최대 규모로 꼽히는 아이셰어즈^{iShares} 인덱스펀드는 1,435개 기업의 주식에 투자하고 있지만, 전체 투자금의 71퍼센트가 미국에 집중되어 있다. 이런 상황이라면 결과는 명확하다. 미국의 한 해 실적이 나쁘면 투자자 모두가 영향을 받게 된다.

분산투자자에게는 또 다른 위험이 도사리고 있다. 강력한 미국 시장에서 몇몇 거대 기술 기업들이 막강한 영향력을 행사하고 있다는 점이다. 애플, 엔비디아, 마이크로소프트, 아마존, 메타 등의 기술 기업들이 미국 전체 시가총액의 4분의 1 이상을 차지하고 있다. 글로벌 펀드에 투자한 사람은 전 세계 수천 개 기업의 미래에 노출될 수 있지만, 실제로는 실리콘밸리에 자리한 몇몇 기업이 어려움을 겪으면 그 영향이 과도하게 집중될 수 있다는 점이다. 투자자들이 이들 기업을 선호하는 추세가 이어지고 기업 가치가 최고치를 경신하면서 계속 증가하고 있다는 점, 그리고 모든 추세가 결국에는 뒤집힌다는 점을 고려할 때 이처럼 과도하게 편중된 구조는 안정적인 수익 흐름을 원하는 투자자에게 주요한 위험 요인이 될 수 있다.

이러한 이유로 유튜브 동영상 몇 개를 시청하는 데 그치지 않고 금융 전문가와 상담하거나 관련 서적을 한두 권 읽어보며 정보를 습득한 투자자들은 한 걸음 더 나아간 분산투자 전략을 모색했을 것이다.

채권의 숨겨진 매력

주식시장이 불안정할 때마다 채권이 더 매력적인 투자처로 보인다. 2013년부터 2023년까지 전 세계적으로 100조 달러 이상의 채권이 추가로 발행되었고,[5] 기관과 개인들은 기꺼이 이 부채를 매입했다. 여기에는 그럴 만한 이유가 있다.

호황기에 주식을 보유하면 상승분을 누릴 수 있지만, 채권을 매입하면 돈을 빌려주는 것과 같다. 사업을 시작하는 친구에게 투자금을 빌려주는 상황을 상상해보자. 1년 후에 돌려받는 조건으로 1,000달러를 빌려주는 것은 채권을 사는 것과 같다. 반면에 미래 수익의 5퍼센트를 받는 대가로 1,000달러를 빌려준다면 사실상 주식을 사는 것과 같다.

기업에 돈을 빌려주는 것 외에도 국가 정부에 돈을 빌려줄 수 있으며, 일부 국가에서는 지방 정부에 돈을 빌려줄 수 있다. 기업이나 정부는 채권을 발행할 때 고정된 수익을 지급하기로 약속한다. 매년 일정 금액의 이자를 지급하고, 합의된 미래 시점에 원금을 전액 상환한다. 채권은 수개월에서 수십 년에 이르는 기간에 맞춰 발행된다. 예를 들어 애플은 2020년에 30년 만기 회사채를 발행했다. 30년은 현재 미국과 영국의 정부 채권 중에서도 최대 기간에 해당한다.

주식과 마찬가지로, 대부분의 사람들은 개별 채권을 보유하지 않는다. 수백, 수천 개의 채권을 아우르는 채권 펀드에 투자하는 것이 더 일반적이다. 채권 펀드는 수익률을 극대화하거나 지수 실적을 따라가는 것을 목표로 채권을 매매하며, 이로 인해 채권 가치가 오르내린다. 개별 채권을 만기까지 계속 보유한다면 수익률을 완벽하게 예측할 수 있지만, 시장에서 채권을 '중고'로 매수한다면 다양한 요인에 따라 가격이 달라지기 때문이다.

채권의 시장 가치는 변동하지만, 채권은 상대적으로 예측 가능한 현금흐름 구조로 인해 주식에 비해 본질적으로 덜 위험하다. 상황이 아무리 나빠지더라도 채권 발행 주체는 이자를 지급해야 하며 그렇지 않으면 심각한 결과에 직면한다. 가령 자국 통화를 통제하는 주요 국가의 정부들을 대상으로 돈을 빌려줄 경우 위험은 극히 낮다. 금융계에서는 미국 정부를 대상으로 1년 이내의 단기 대출은 '무위험'으로 간주하며, 이때 이자율은 다른 모든 수익률을 측정하는 기준이 된다.

위험이 적으면 수익도 적다. 미국에서 대부분의 주요 경제를 대표하는 장기 채권 수익률은 연간 약 6퍼센트로,[6] 주식시장의 10퍼센트에 비해 낮은 수준이었다. 수익률이 낮은 만큼 변동성도 적다. 채권은 주식보다 변동성이 적어 해마다 채권 가치가 크게 출렁이지 않는다. 따라서 포트폴리오에 채권을 주식과 혼합하면 변동성을 완화할 수 있다.

일반적으로 주식시장과 채권시장이 서로 다른 시기에 성과를 거둘 것으로 예상될 때 이런 분산투자의 이점이 커진다. 세상이 평온하고 사람들이 긍정적으로 느낄 때 투자자들은 시장의 상승세를 기대한다. 따라서 기업의 주가가 더 오를 것이라고 믿고 기꺼이 더 비싼 값을 내고 주식을 매수하려 할 것이다. 반면 불안감이 커질 때는 채권이 더 매력적인 상품이 된다. 기업과 정부는 사전에 합의한 이자를 지급할 수밖에 없기 때문이다. 그래서 불안정한 시기에는 채권에 투자하려는 수요가 늘어나 채권 가격이 상승한다. 투자 용어로 말하자면, 주식과 채권은 '음의 상관관계'에 있다. 즉, 하나가 상승하면 다른 하나는 하락한다.

채권의 장점은 이미 오래전부터 널리 알려져 있었다. 벤저민 그레이엄$^{Benjamin\ Graham}$은 자신의 책《현명한 투자자》에서 다음과 같이 썼다. "기본 원칙은 이렇다. (…) 투자자는 자금의 25퍼센트 미만 또는 75퍼센트 이상을 보통주에 투자해서는 안 되며, 그에 따라 채권 투자 비중은 25퍼센트와 75퍼센트 사이여야 한다."

해리 마코위츠의 현대 포트폴리오 이론이 남긴 주요 업적 중 상당 부분은 이런 경험 법칙을 수학적으로 공식화했다는 것이다. 덕분에 투자자들은 원하는 위험 수준과 수익률에 기초해 '적절한' 비중을 채권에 투자하는 식으로 채권을 포트폴리오에 포함시킬 수 있었다.

채권의 두 가지 이점, 즉 낮은 변동성과 주식과의 음의 상관관계는 21세기 첫 20년간 두드러지게 나타났다. 채권이 가장 빛을 발한 시기는 2007~2008년 금융위기였다. 당시 채권시장이 급등하면서 전 세계 주식시장의 폭락을 상쇄하는 데 도움이 되었다. 채권시장의 호황은 주식과 채권으로 구성된 포트폴리오에 수조 달러의 자금이 유입되는 계기가 되었고, 운 좋게도 이 기간에 투자한 사람들은 자산이 극적으로 불어나는 경험을 했다.

그리 안전하지 않았던 '안전한 투자'

그 후 2020년이 도래했다. 전 세계 정부들은 코로나19 대유행에 대응해 전례 없는 수준의 경기 부양책을 시행했다. 이미 낮은 수준이었던 금리를 추가로 인하하고, 새로운 자금을 시장에 투입하고, 경제 활성화에 힘썼다. 그 과정에서 정부 조치는 그동안 나타났던 주식과 채권의 음의 상관관계를 역전시켰다. 갑자기 두 자산군이 같은 방향으로 움직이기 시작한 것이다.

공교롭게도 그 방향은 '상승'이었기 때문에 아무도 불평하지 않았다. 하지만 2022년에 극적인 반전이 일어났다. 주식시장은 사상 최악의 해를 보냈다. 놀랍게도 그와 동시에 채권시장 역시 사상 최악의 해를 맞았다.

이 시기는 두 가지 이유로 주목할 만하다. 첫째, '변동성이 적은' 채권이 갑자기 훨씬 큰 변동성을 보였다. 글로벌 투자 리서치 업체인 모닝스타Morningstar에 따르면, 채권 변동성은 이전 7년에 비해 2022년과 2023년 사이에 두 배 이상 증가했다.[7] 채권의 변동성은 주식시장보다 여전히 낮았지만, 변동성을 완화하는 효과는 약했다. 둘째, 채권은 주식시장과 같은 방향으로 움직이기 시작했다. 처음에는 나란히 상승하다가 나중에는 급격히 하락했다. 실제로 2022년은 미국 주식시장과 채권시장이 사상 최초로 두 자릿수 비율로 하락한 해다.[8] 이는 두 자산군이 매우 고통스러운 양의 상관관계를 보인 것이다. 팬데믹 이전에는 역대 최저치를 살짝 벗어난 수준인 -0.6의 상관관계를 유지했지만, 팬데믹 이후에는 0.6 수준으로 치솟았다.[9] 결과는 어땠을까? 폭락하는 주식시장조차 상대적으로 괜찮아 보일 만큼 채권시장이 대격변의 해를 겪게 되자, 주식과 채권에 60 대 40 비율로 배분한 신중한 투자자들은 주식에만 집착하며 위험을 감수한 투자자들보다 더 큰 손실을 봤다.

주식과 채권이 같은 방향으로 움직인 것은 이번이 처음이 아니었다. 1970년대 초부터 1990년대 후반까지 이런 패턴이 반복되었다. 2020년대에 둘의 상관관계가 다시 뒤집힌 이유는 무엇일까?

공교롭게도, 늘어난 채권의 변동성 그리고 주식과 채권의 양의 상관관계가 나타난 원인은 모두 인플레이션이라는 변수에서 찾을 수 있다. 인플레이션, 더 정확히 말하면 인플레이션 기대치는 주식과 채권 투자에 모두 악재로 작용한다. 인플레이션이 우려되는 시기에는 채권 수익률이 예전만큼 매력적으로 느껴지지 않는다. 투자자들은 채권 수익률이 인플레이션에 의해 잠식될 것을 우려해 채권을 비싸게 매수하려 하지 않는다. 이런 상황에서는 주식 역시 수익률이 부진할 수 있다. 기업들은 원자재 가격의 상승으로 어려움을 겪고 성장에 필요한 자금을 조달하는 데 제약을 받을 것이다. 결과적으로 주식과 채권은 모두 같은 방향으로 움직이며, 그 방향은 나쁜 쪽이다.

21세기에 접어든 후 20년 동안 인플레이션이 과거의 문제로 여겨졌던 것처럼 또다시 사람들의 기억에서 희미해지면, 주식과 채권의 조합은 아마도 이전과 같은 수준의 보호를 제공하기 시작할 것이다. 그러나 1장에서 언급했듯이, 이제 인플레이션이 더 높아지고 변동성이 커지는 시대를 맞이할 가능성이 크다. 인플레이션은 어느 정도 통제된 것처럼 보이다가 다시 급등할 것이며, 사람들의 머릿속에서 절대 지워지지 않을 것이다.

실제로 경제가 이렇게 급변한다면 주식과 채권은 나란히 고통받을 것이다. 즉, 둘 다 보유하더라도 예전처럼 자산을 보호하는 효과를 제대로 누리기 어려워진다.

분산투자가 정말 현실적인 목표일까?

제대로 분산투자가 이루어지는 '유지' 버킷을 구축하는 것은 확실히 쉽지 않다. 어쩌면 이것이 불필요하다고 생각할지 모른다. 주식이 역사적으로 더 높은 수익률을 달성했다는 점을 고려하면, 장기적으로 자산을 최대한 불리고 싶은 투자자들은 '유지' 버킷에 할당한 자금을 몽땅 주식시장에 투자하고 침체기를 견디는 편이 합리적일 것이다. 실제로 그들은 시장이 폭락하면 매수를 늘릴 절호의 기회로 받아들여야 한다.

하지만 여기에는 문제가 있다. 모든 투자자가 장기적인 관점을 취하지 않는다는 점이다. '유지' 버킷에 쌓인 수익으로 생계를 이어갈 계획을 세우는 단계에 접어든 사람에게는 갑작스러운 가치 하락이 단순히 두려운 정도를 넘어 심각한 재앙이 될 수 있다. 이런 이유로 사람들은 채권의 비중을 늘려 포트폴리오의 위험을 낮추려 한다. 하지만 채권이 주식과 양의 상관관계이고, 더 큰 변동성을 보인다면 위험을 더 줄여야 같은 수준을 유지할 수 있을 것이다. 또한 이렇게 위험을 낮추면 수익의 규모역시 줄어들 것이다.

투자 여정에서 어느 단계에 있든 누구나 심리적 문제에 직면하게 된다. 자산이 급격하게 하락하는 것은 달갑지 않은 일이고, 이런 위기를 잘 감내할 수 있는 사람은 많지 않다. 반면 2020년과 2022년에 주식시장이 급락했을 때 소수의 사람은 시장이 '저평가'되었다고 보고 완전히 합리적으로 행동하며 전 재산을 털어 주식을 더 많이 사들였다. 그러나 이런 강인한 정신력을 지닌 투자자보다는 주식을 전부 내다팔고 완전히 발을 빼버린 사람이 압도적으로 많았다. 이런 흐름은 잠재적 재앙을 현실적 재앙으로 바꿨다. 대다수는 주식을 매도해 손실을 확정 짓고 미래에 수익을 낼 모든 가능성을 포기했다.

물론 남은 인생이 20년 이상이며 시장이 어떻든 굳건히 버틸 수 있는 강철 같은 정신력과 배짱이 있다면(어쩌면 당신도 2020년 불타는 건물에 뛰어든 몇 안 되는 용자였을지도 모른다) 분산투자를 포기해도 괜찮을 것이다. 아주 장기적인 관점에서 투자한다면 100퍼센트 주식으로만 구성된 '유지' 버킷은 미친 짓이 아닐 수 있다. 역사를 길잡이로 삼는다면 종국에는 용기를 낸 것에 보상을 받을 가능성이 크다.

하지만 대부분의 사람들에게 분산투자를 완전히 포기하는 것은 현실적이지 않다. 이렇게 본질적인 불확실성이 점점 커지는 상황에서 우리에게는 두 가지 선택지가 남는다. 하나는 나쁜 선택지이고, 다른 하나는 좋은 선택지다. 안타깝게도 오늘날 투자자들은 주로 '가짜 분산투자'라는 잘못된 선택지로 어려움을 겪고 있다. 그들은 확신을 높이는 대신 수익률을 낮추는 합리적인 선택을 했다고 믿지만, 상황이 나빠지면 공격적인 투자자와 마찬가지로 큰 타격을 받을 위험에 놓여 있다. 이는 주식시장 투자에 채권만을 활용해 균형을 맞추는 전통적인 접근방식을 채택한 모든 투자자에게 일어날 수 있는 결과다.

좋은 선택지는 주식과 채권의 세계에서 벗어나 다른 자산을 혼합해 진정한 분산투자를 추구하는 것이다. 물론 주식만으로 구성된 포트폴리오에 비해 수익률은 여전히 낮을 것이다. 하지만 인플레이션에 주목해야 하는 시대에는 자신 있게 계속 채워 넣을 '유지' 버킷으로 구축될 가능성이 크다.

전천후 성과를 추구하라

해리 브라운Harry Browne은 정치인을 싫어하는 정치인이었다. 1996년과 2000년에 미국 대통령 선거에서 자유당 후보로 출마한 그는 정부의 영역을 축소하겠다고 밝혔다. 공약으로 연방정부를 보건과 교육에서 배제하고, 마약과의 전쟁을 끝내고, '전 세계 사람들에게 선의를 베풀며 다른 국가에 위협이 되지 않는' 외교 정책을 지지하겠다고 선언했다. 그는 소득세 폐지까지 약속했지만 놀랍게도 득표율은 0.4퍼센트에도 미치지 못했다.

하지만 투자 분야에서 그의 영향력은 오래 지속되었다. 브라운은 정부를 전반적으로 불신했고, 중앙집권화된 기관들이 경제 위기를 막아낼 역량이나 있는지 의문을 제기했다. 더 나아가 어떤 상황이 닥치든 개인이 투자 자산을 보호할 수 있도록 지원하고 싶어 했다. 그는 1981년에 출간한 책《인플레이션으로부터 투자를 보호하는 방법Inflation-Proofing Your Investments》에서 미래에 네 가지 잠재적 금융 자산이 모두 성장하도록 설계된 '영구 포트폴리오Permanent Portfolio'라는 개념을 소개했다.

그는 주식이 호황기에 높은 수익률을 올리고 채권은 디플레이션 붕괴 상황에서 자산을 보호하는 역할을 한다는 것을 발견했다. 하지만 경제는 인플레이션과 장기 불황을 모두 겪게 되는데, 이런 상황에서는 주식과 채권으로 구성된 일반적인 포트폴리오만으로는 충분히 방어하지 못한다.

영구 포트폴리오는 네 가지 자산으로만 구성되며, 각 자산에 25퍼센트씩 배분된다. 주식과 채권을 모두 포함하며, 여기에 인플레이션을 대비하기 위한 '금'과 경기 침체에 안전장치로 활용하기 위한 '현금'을 추가했다. 수동적인 투자자에게 이는 정말 아주 간단한 방법이다. 브라운은 각 자산의 비중이 25퍼센트에서 벗어나면 1년에 한 번씩 조정해 다시 균형을 맞추고, 그 외에는 아무것도 하지 않기를 권했다. 이 방법을 활용하면 앞으로 어떤 일이 일어날지 예측할 필요도 없다. 영구 포트폴리오는 어떤 경제 상황에서도 살아남도록 설계되어 있기 때문이다.

1972년 이후 실적을 검토해보면 해리 브라운의 전략이 통했음을 알 수 있다. 그의 포트폴리오는 '예기치 않은 위험 최소화'라는 목표를 실현했다. 좀 더 공격적인 방식을 선호해 주식에만 투자했다면(나는 미국 주식에 50퍼센트, 해외 주식에 50퍼센트 비중으로 배분하는 경우를 가정했으며, 이는 대략적으로 전 세계의 주식 비중에 근접한 것이다), 정점에서 바닥까지 55퍼센트의 급락을 경험했을 것이다.[10] 이는 누구에게나 끔찍한 일이다. "다른 사람들이 두려워할 때 탐욕스럽게 행동하라"고 말하기는 쉽지만, 대부분은 자산의 절반이 날아가는 것을 정신적으로 견딜 준비가 되어 있지 않다. 하지만 영구 포트폴리오를 선택했다면 어떨까? 최대 하락폭은 16퍼센트다. 여전히 불쾌하지만 상대적으로 훨씬 견딜 만한 수준이다.

물론 공짜 점심은 없다(공짜 점심이 있다면 브라운은 정부가 그것을 삭감하길 원할 것이다). 예상대로 그의 포트폴리오 수익률도 낮아졌다. '주식으로만' 구성된 포트폴리오의 수익률은 처참하게 하락했지만, 1972년에 1만 달러를 투자했다면 2024년에는 투자금이 26만 4,000달러로 불어났을 것이다. 이를 연간 수익률로 환산하면 9퍼센트에 조금 못 미친다. 영구 포트폴리오의 수익률은 6.4퍼센트에 그쳤는데, 이는 같은 1만 달러를 10만 6,000달러로 불린 것과 같다. 이것은 큰 차이다.

영구 포트폴리오를 처음 고안한 형태 그대로 구현하고 싶은가? 아마 그렇지 않을 것이다. 현금의 비중이 크다는 것이 주된 이유다. 현금은 '다른 모든 게 실패할 때'도 진정한 자산이 된다. 다른 모든 자산이 폭락할 때에도 1달러 지폐는 언제나 1달러 지폐다. 그러나 현금의 가치는 오르지 않고 어떤 수익도 창출하지 못한다. 따라서 대부분의 경우 현금은 포트폴리오를 무겁게 짓누를 뿐이다.

  오늘날에는 현금이 주는 안정성이 예전만큼 중요하지 않다고 볼 수 있다. 영구 포트폴리오가 개발된 이후로 정치는 브라운이 추구하던 방향으로 나아가지 않았다. 정부는 점점 우리 삶의 많은 부분에 관여하고 있으며, 정부 활동은 그 어느 때보다도 전체 지출에서 큰 비중을 차지하고 있다. 그 결과 정부 부채가 급증했고, 민간 부문의 부채도 마찬가지로 불어났다. 경제 체제가 경기 침체를 감당할 여력이 거의 없다는 뜻이다. 2007~2008년 금융위기와 2020년 코로나19 대유행, 그리고 다른 여러 작은 사건에서 보았듯이, 경제 성장만이 유일하게 수용될 수 있다. 경제 성장이 위협받을 때마다 중앙은행은 즉각 행동에 나서 성장을 회복하기 위해 필요한 모든 조치를 취한다.

  이는 경기 침체 기간이 과거보다 짧아질 수 있음을 의미한다. 이에 따라 현금의 자산 보호 역할이 효과를 발휘하는 기간도 더 짧아졌다. 물론 '보호' 버킷에 현금을 보유하는 것은 여전히 중요하지만, '유지' 버킷의 4분의 1을 현금으로 구성하는 것은 다소 과도한 조치로 보인다.

그럼에도 영구 포트폴리오는 주식과 채권을 넘어 분산투자의 잠재적 이점을 잘 보여준다. 브라운의 정확한 종목 선정과 비중은 잊고, 주식과 채권이 과거만큼 상호 보완적이지 않은 세상에서 더 폭넓은 분산투자가 더 나은 결과를 가져온다는 일반적인 원칙을 고수한다면 어떨까? 21세기에 맞춰 적절하게 분산투자한 포트폴리오를 구축하려면 어떤 요소를 추가로 고려해볼 수 있을까?

금

해리 브라운은 금의 공급이 제한적이기 때문에 인플레이션 상황에서 금이 좋은 성과를 거둘 것으로 판단하고 영구 포트폴리오에 금을 포함했다.

금은 수천 년 동안 존재해왔고 '안전 자산'으로 여겨진다. 투자자들은 정부가 발행한 통화와 금융 체제 전반의 건전성이 우려되면 자산을 금으로 옮기는 경향이 있다. 화폐는 필요에 따라 무제한으로 발행할 수 있지만, 금은 땅에서 채굴할 수 있는 양이 한정되어 있다. 금의 총 공급량은 연간 2퍼센트 정도 증가하는 수준이며, 공급 속도를 높일 방법은 많지 않다. 결과적으로 금은 매우 장기간에 걸쳐 뛰어난 인플레이션 헤지 수단이라는 점이 입증되었다. 즉, 금 1온스로 구매할 수 있는 '현실 세계' 자산의 양은 예나 지금이나 동일하다. 믿기지 않겠지만, 1979년의 집 한 채 가격을 금으로 환산하면 2024년과 동일할 것이다.[11] 반면 달러, 파운드, 유로로 환산하면 지금의 집값은 몇 배나 더 올랐다. 심지어 오늘날 남성 정장 한 벌 값을 금으로 환산하면 고대 로마에서 토가 한 벌을 사는 데 필요한 금의 양과 같을 것으로 추정된다.

수천 년 동안 투자할 계획이라면 금은 아주 탁월한 수단이 되겠지만, 금의 단기간 수익률은 그리 일관적이지 않다.[12] 1970년대 금은 당시 만연했던 인플레이션으로부터 투자자를 보호했을 테지만, 인플레이션이 발생한 2020~2022년에는 딱히 안전 자산의 역할을 하지 못했다. 그렇지만 인플레이션을 우려한다면(물론 우려해야 할 문제다), 금은 보유할 가치가 있을 것이다. 주식과 채권에 60 대 40 비중으로 투자한 포트폴리오에서 각각 10퍼센트를 떼어내어 금에 배분했다면 어땠을까? 지난 50년 동안 수익률을 크게 떨어뜨리지 않으면서 최악의 급락은 피했을 것이다. 최근의 과거보다 앞으로 인플레이션이 더 심해질 경우 금은 더 나은 성과를 올릴 수 있을 것이다.

비트코인

1970년대나 2008년 금융위기 때 투자자들이 보유하지 않았던 자산이 있다. 당시에는 세상에 존재하지도 않았다. 바로 비트코인이다. 비트코인은 반짝이는 금속과 같은 희소성을 가지고 있어서 '디지털 금'으로 불린다. 비트코인은 발행량이 2,100만 개로 한정되어 있으므로, 이론적으로는 투자자들이 그 가치를 믿는다면 불안정한 시기에 비트코인으로 몰려들어야 한다. 실제로 비트코인은 시장에 현금이 넘쳐날 때 가치가 치솟았다가 폭락하는 등 과대평가된 주식과 비슷하게 움직였다.

이 현상은 펀드매니저 찰리 모리스^{Charlie Morris}의 관심을 끌었다. 그는 금과 비트코인이라는 두 가지 '경화^{hard currency}' 자산이 왜 그토록 다르게 움직였는지, 그리고 실제로 투자 기회를 창출하는지 궁금해졌다. 모리스는 주식과 채권처럼 금과 비트코인도 본질적으로 음의 상관관계를 일관되게 보여주었다는 점에 주목했다. 투자자가 이 두 가지 자산을 적절한 비율로 보유하면 호황기에는 비트코인으로 수익률을 끌어올리고, 불황기에는 금이 비트코인의 급락을 상쇄하는 효과를 얻을 수 있다.

비트코인과 금으로 구성된 포트폴리오를 매달 재조정해 산출하는 모리스의 BOLD 지수는 2015년 이후로 최고의 실적을 기록한 주식시장(S&P500과 나스닥)을 크게 웃돌며 놀랍도록 낮은 변동성을 보였다.[13]

부동산

해리 브라운은 영구 포트폴리오에 부동산을 포함하지 않았지만, 주식과 채권 다음으로 전 세계 사람들이 가장 많이 선택하는 투자 자산은 부동산이다. 여기서 말하는 부동산은 당신이 거주하는 주택을 의미하지 않는다. 이에 대해 불평하는 사람도 있겠지만, 나는 앞서 언급했듯 자가를 '보호' 버킷으로 분류했다. 순전히 투자 목적으로 볼 때 영국에는 임대용 부동산을 소유한 사람이 230만 명이며,[14] 미국에는 임대용 주택이 1,930만 채 있는 것으로 추정된다.[15]

현금과 비교했을 때 부동산의 장점은 소득을 창출한다는 것이다. 부동산은 경제 상황과 상관없이 임대 수익을 창출해 전반적인 투자 성과에 기여한다. 하지만 현금이나 주식, 채권과 달리 부동산은 유동성이 매우 낮다. 부동산 시장이 호황일 때조차 매도하는 데 몇 달이 걸린다. 이는 명확한 단점이지만 역설적으로 사람들이 부동산 투자에 성공하는 이유이기도 하다. 경제공황이 발생해도 당장 매도하는 것조차 불가능하기 때문이다. 장기적인 관점에서 매수 후 보유하는 것이 올바른 전략이라면(일반적으로 그렇다), 부동산은 최악의 충동으로부터 투자자를 보호하는 수단이 된다.

부동산의 또 다른 장점은 인플레이션 상황에서 좋은 성과를 내는 경향이 있다는 것이다. 1970년대 높은 인플레이션이 이어진 시기에도 주식과 채권은 모두 어려움을 겪었지만 부동산은 자산 가치를 유지했다.

더 장기적으로 보더라도 부동산은 공급에 항상 제약이 따르기 때문에 인플레이션에 보조를 맞추는 경향이 있다. 경제가 활성화되고 부동산 열기가 최고조에 달하더라도 집을 지을 수 있는 토지의 한정된 공급, 건축에 필요한 자재와 노동의 양, 매력적인 입지에 대한 제약으로 인해 공급할 수 있는 물량은 제한적이다.

그렇다면 부동산을 '유지' 버킷에 추가하면 도움이 될까? 해리 브라운의 영구 포트폴리오에서 현금을 빼고 그 자리에 부동산 투자신탁(리츠)을 넣으면 그 효과를 대략적으로 추정할 수 있다. 이 데이터는 1994년까지만 거슬러 올라가지만, 그 이후로 이런 형태의 자산배분은 연간 7.44퍼센트의 수익률을 달성했을 것으로 추정된다.[16] 수익률은 주식과 채권에 60 대 40 비율로 투자한 포트폴리오보다 더 나은 실적이다. 최고점에서 최저점까지의 하락폭이 더 적을뿐더러 변동성도 크지 않아 수익률과 안정성을 모두 잡은 흔치 않은 결과다. 역사가 반드시 반복되는 것은 아니다. 나 역시 '현금을 버리고 대신 부동산을 사라'고 말하고 싶지 않다. 하지만 이 사례는 주식과 채권의 범위를 넘어 분산투자하면서도 그 대가로 포기해야 할 상승 여력을 제한하는 것이 이론적으로 가능하다는 점을 보여주는 좋은 예다.

투자용 부동산을 매수할 때 전액 현금으로 지불하거나 펀드를 통해 간접적으로 보유하는 것이 아니라 주택담보대출을 이용한다면 그로 인해 추가로 감수해야 하는 위험과 누릴 수 있는 잠재 수익은 '개선' 버킷으로 이동하게 된다는 점을 명심하자. 그 이유는 다음 장에서 살펴볼 것이다.

미래를 대비하는 '유지' 버킷 구축법

그렇다면 진정한 분산투자를 추구하는 우리의 여정은 어디로 향하게 될까? 아마 다소 혼란스러울 것이다. 지금까지 우리는 주요 자산군만 살펴보았는데, 주식과 채권에서 벗어나 투자 범위를 넓히면 선택지가 너무 많아서 압도당하게 된다. 이 책에서는 혼란을 줄이기 위해 원자재와 물가연동국채^{TIPS}, 사모펀드를 비롯해 종종 포트폴리오에 포함되는 다른 자산군은 제외했다.

이 책에서 다룬 자산군의 수는 적지만 무엇을 어느 비율로 보유해야 할지 고민하는 것만으로도 지치기 쉽다. 또한 무엇이 올바른 결정인지 알아내는 것은 현실적으로 불가능하다. 미래에 금융 환경이 어떻게 변화할지 추측할 수밖에 없고, 과거에 일어난 일을 바탕으로 각 자산이 그런 환경에서 어떤 성과를 낼지도 추측할 수밖에 없다.

어떤 면에서 이는 위안이 된다. 모든 자산을 조금씩 보유하는 것이 도움이 된다는 점은 분명하지만, 아무리 열심히 들여다봐도 '정답'은 없기에 세부 사항을 지나치게 신경 쓸 필요는 없다. 사실 나는 2000년 이후 과거 데이터를 가지고 이런저런 분석을 해보았는데, 모델 포트폴리오에 상당한 변화를 주더라도 연평균 수익률에 1퍼센트 이상 차이를 만들어내기는 어려웠다. 1퍼센트는 장기적 관점에서 볼 때 무시할 수 없는 수치다. 그렇다고 성공과 실패를 가를 만큼 엄청난 격차도 아니다.

이렇듯 정답이 없는 상황에서 어떤 결정을 내리려면 자신만의 기준이 필요하다. 내 접근방식은 먼저 '유지' 버킷의 자산을 주식에 얼마나 투자할지 알아내는 데서 시작한다. 주식은 역사적으로 포트폴리오의 성장 동력을 대표하므로, 투자 기간이 수십 년에 달하고 위험을 감수할 의향이 있다면 자산의 100퍼센트를 주식에 배분할 수도 있다. 그럴 수만 있다면 문제는 간단하다. 그러나 그럴 수 없다면 주식 비중을 얼마나 줄여야 할지 최대한 추정해야 한다. 전형적인 60 대 40 포트폴리오에서는 주식에 자산의 60퍼센트를 배분하지만, 영구 포트폴리오에서는 25퍼센트를 배분한다. 이처럼 일반적인 모델 포트폴리오를 참고해 비중을 정한다.

그런 다음 가장 끌리는 자산군으로 나머지를 채워 넣으면 된다. '다른 모든 자산을 조금씩' 선택해 배분하는 것도 충분히 합리적인 방법이다. 과거가 미래를 정확히 예측하지는 못하지만, 포트폴리오 비주얼라이저www.portfoliovisualizer.com와 같은 온라인 도구를 활용해 다양한 자산배분이 역사적으로 어떤 성과를 달성했을지 시험해볼 수 있다. 어떤 결정을 내리든 인덱스펀드나 저렴한 상장지수펀드ETF를 이용해 선호하는 자산을 매수하는 것이 좋다. 경제 상황이 어떻든 간에 적극적으로 운용되는 액티브펀드의 높은 수수료가 수익의 일부를 잠식한다는 점은 확실하기 때문이다.

일단 포트폴리오를 구성한 후에는 5장에서 다룬 복리 원칙을 기억하자. 분산투자를 했으니 이제 투자를 자동화하고 일관성을 유지해야 한다. 그래야 힘들이지 않고 최종 결과를 얻을 수 있다. 무엇보다 계좌 잔고를 자꾸 확인하지 않아야 한다. 확인할 때마다 일부 투자 자산이 부진한 성과를 내는 모습을 보게 될 것이기 때문이다. 이는 분산투자의 불가피한 결과이지만, 돈을 잃었다는 사실을 확인하는 것만으로도 마음이 흔들릴 수 있다.

사실 해마다 한 번씩 리밸런싱을 통해 비중을 재조정하는 것으로 충분하다. 간단히 설명하자면 주식과 채권을 50 대 50 비율로 투자하기로 했다고 가정해보자. 주식이 호황을 맞아 가치가 상승하고 채권이 불황에 빠져 가치가 하락한다면 혼합 비율은 55 대 45로 변동할 수 있다. 50 대 50 비율을 선택한 이유가 있었으므로 주식을 매도하고 채권을 매수해 다시 균형을 맞출 필요가 있다. 이처럼 성과를 낸 자산을 팔고 부진한 자산을 사는 방식은 직관에 어긋나 보이기도 한다. 투자자는 당연히 이런 방식을 기피할 수 있다. 하지만 포트폴리오가 과거에 가장 좋은 성과를 낸 자산에 점점 편향되어 끔찍한 폭락에 노출될 위험을 피할 수 있는 유일한 방법이다.

특히 이 모든 복잡한 세부 사항에서 벗어나 애슈빈 차브라의 핵심 통찰을 기억하면 유용할 것이다. 차브라에 따르면, 이는 모두 하나의 버킷에 불과하며 그 안에 무엇을 넣든 모두 같은 목적으로 설계되어 있다. 포트폴리오를 보호하는 데 분산투자에만 의존한다면 좌절할 수밖에 없다. 어떤 선택을 하든 이따금 두 자릿수의 하락이 일어나기 때문이다. 향후 수십 년 안에 삶이 극적으로 변화하기를 기대한다면 또다시 실망감에 빠질 것이다. 어떤 식으로 접근하든 연평균 5~9퍼센트의 수익률을 달성할 가능성이 크다. 결국 이는 훌륭한 결과로 이어질 수 있지만, 최신 벤츠 S클래스가 탐나거나 언젠가 박물관에 후원자로서 이름을 새기고 싶다면 마지막으로 깨야 할 한 가지 착각이 있다.

One - Page Lesson

금융시장의 폭풍 속에서도
평온함을 유지하는 비결

1. 당신의 인생 계획이 포트폴리오를 결정한다

수십 년 투자할 여유와 급락을 견딜 자신이 있는가?
주식 비중을 높여라.
시장이 출렁일 때마다 잠을 설치는가?
주식 비중을 과감히 낮추고 대체자산을 늘려라.

2. 금, 부동산, 원자재로 바구니를 채워라

주식과 채권이 함께 추락하는 세상에서 살아남으려면
독립적으로 움직이는 자산이 필요하다.

3. 균형을 자동화해 감정을 배제하라

리밸런싱으로 자산별 비중을 고정하면
감정적인 결정을 피할 수 있다.

4. 과도한 모니터링을 자제하라

매일 계좌 잔고를 확인하는 습관은 최악의 투자 결정으로 이어진다.

"주식과 채권만으론 충분치 않다.
금융시장의 폭풍 속에서도 평온함을 유지하는 비결은
여러 선박에 자산을 분산하는 것이다."

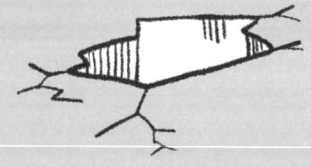

7장
위험한 투자

위험하지 않은 건
기회가 아니다

← 오해

주식 투자나
창업은 극도로 위험하다.
애당초 이런 활동은
멀리하는 게 낫다.

진실 →

수십 년을 기다리지 않고
재정적 자유를 달성하기 원한다면
어느 정도 위험을 감수해야 한다.
그러려면 자신에게 맞는 위험을 찾아야 한다.

미국의 유튜버 제임스 뒤물랭^{James Dumoulin}은 수년간 전국을 돌아다니며 부자들에게 "어떻게 부자가 됐나요?"라고 직설적으로 물었다. 그는 댈러스를 시작으로 라스베이거스, 마이애미에 이르기까지 요트를 타거나 최고급 슈퍼카를 주차하거나 골프장에서 시간을 보내거나 고급 상점에서 나오는 사람들에게 다가가 이렇게 물었다.

그들의 대답은 다양했지만 부동산 투자와 창업, 금융업 종사 등 몇 가지 공통된 분야로 나눠졌다. 하지만 단 하나 눈에 띄는 대답이 있었는데, "다양한 인덱스펀드에 분산투자한 후 기다렸어요"라는 것이었다.

언뜻 보기에 이런 결과는 대부분의 투자 조언과 상충한다. 그동안 우리는 분산투자와 인내가 부를 축적하는 비결이며, 다른 방법을 시도하는 것은 어리석은 짓이라고 배우지 않았던가? 토머스 J. 스탠리^{Thomas J. Stanley}의 투자 고전 《이웃집 백만장자》에 따르면, "부자들은 투자할 때 종종 보수적으로 접근한다. 그들은 고위험 투기를 피하며 분산투자를 통해 자본을 지키는 데 집중한다." 멜 린다우어Mel Lindauer, 마이클 르뵈프Michael LeBoeuf, 테일러 래리모어Taylor Larimore의 책 《보글헤드의 투자 안내서The Bogleheads' Guide to Investing》는 다음과 같이 말한다(보글헤드는 인덱스펀드의 창시자인 존 C. 보글의 투자 철학을 따르는 투자자를 지칭하는 용어다 – 옮긴이). "분산투자는 위험을 분산시킴으로써 상당한 손실을 내지 않도록 포트폴리오를 보호하는 데 도움이 된다. 손실을 키우고 파산의 원인이 될 수 있는 레버리지를 피하라." 거의 모든 투자 조언과 마찬가지로, 이 책들은 왜 큰돈을 걸거나 돈을 빌리거나 위험을 감수하지 말라고 경고할까? 정작 사람들은 그런 방법으로 부자가 되지 않았는가?

이 명백한 모순에 대한 답은 언제 얼마나 부유해지기를 원하는지에 달려 있다. 시장을 이기려는 시도가 어리석다는 것은 제한된 범위에서 어느 정도 진실이다. '유지' 버킷의 맥락에서 '분산투자 후 기다리는 것'은 확실히 옳은 방법이다. 평균 수익률을 넘어서기 위해 쏟아붓는 모든 노력은 많은 시간과 집중력을 요구하지만, 미미한 성과를 가져올 뿐이다. 심지어 더 나쁜 결과를 초래할 수도 있다. 대부분은 자산을 '보호'와 '유지' 버킷에 넣고 시장의 흐름에 운명을 맡긴다는 생각으로 마음의 평화를 찾아야 하며, 실제로 그렇게 하고 있다.

하지만 앞서 살펴본 바와 같이, 이는 세 번째 동기, 즉 단순히 현상 유지에 머물기보다 삶의 질을 크게 개선하려는 욕구를 간과한다. 바로 이 지점에서 '개선' 버킷이 등장한다.

얼마나 부자가 되고 싶은가

물론 노년층 중에는 평생 돈을 잘 벌고, 자산에 맞게 생활하며, 현명하게 투자한 덕분에 화려하지는 않아도 편안하게 사는 사람이 많다. 하지만 그런 부류에 속하면서 슈퍼카를 운전하는 청년은 없다. 그렇다면 겉보기에는 단순해도 실제로는 복잡한 이 질문을 스스로에게 던져야 한다. 나는 진정으로 무엇을 원하는가?

생활수준을 획기적으로 향상시키고 싶다면 그런 동기를 인정하고 완전히 다른 특성을 지닌 별도의 자산을 담은 버킷이 필요하다는 것을 인식해야 한다. 대부분은 정신적으로 이런 구분을 하지 않는다. 그 결과 '유지' 버킷에서 필요 이상으로 큰 위험을 감수하거나, 장기적으로 안정성을 보장할 만큼 안전하지도 않고 의미 있는 차이를 만들어낼 만큼 야심 차지도 않은 투자 자산을 잡다하게 보유하게 된다.

모든 사람이 생활수준을 크게 향상하기를 열망하지는 않는다. 위험을 감수할 의향이 없거나 지금의 생활에 만족한다면(그저 적은 노력으로 현재 상태를 유지하고 싶을 뿐이라면) '개선' 버킷은 전혀 필요하지 않다. 잠재적 수익이 크지 않을뿐더러 이런 유형의 투자를 시도하면 두 가지 중요한 단점에 직면하게 된다.

첫째, '개선' 버킷은 분산투자를 통해 위험을 상쇄할 수 없고 영구적인 손실이 생길 수 있는 유일한 버킷이다. 보호 자산이 제 역할을 할 것이라는 확신과 유지 자산이 충분한 시간을 들이면 동일한 역할을 할 것이라는 자신감에 차오를 수 있지만, 개선 자산을 통해서만 원하는 목표에 도달하려는 시도를 할 수 있다. 만약 실패한다면 수익을 내기보다 오히려 더 큰 손실을 초래할 수 있다. 결국 성과의 범위는 훨씬 더 넓다. 즉, 큰 수익을 낼 수도 있지만 큰 손실을 볼 수도 있다.

둘째, '개선' 버킷은 돈뿐만 아니라 시간과 노력을 투자해야 하는 유일한 버킷이다. '개선' 버킷에 해당하는 투자 중 어떤 것도 '일단 설정한 후 잊어버리면 되는' 유형이 아니며, 최소한의 조사와 클릭 몇 번으로 시작할 수 있는 것도 아니다. 대부분의 사람은 어떤 주식을 살지 결정하거나 부동산 거래를 분석하거나, 민간 기업에 대한 투자를 조사하기보다는 다른 일을 하고 싶어 한다. 하지만 막대한 수익을 올리고 싶다면 이런 활동을 피해서는 안 된다.

성공에 대한 전망은 모든 위험을 감수하고 시간을 투자할 만큼 충분히 매력적이어야 한다. 어쩌면 당신에게는 그렇지 않을 수도 있다. 하지만 임금 인상이 정체되고, 인플레이션이 극심해지고, 투자에 유리했던 저금리 기조가 반전되면서 평범한 사람들이 '안락한' 삶을 영위하기가 점점 어려워짐에 따라, 점점 더 많은 사람이 야심 찬 위험을 감수하는 데 이끌리거나 떠밀리고 있다.

실제로 평균 수익률이 매력적으로 보이지 않을수록 더 많은 위험을 감수하는 행동이 나타난다. 변동성이 큰 위험한 소형주를 뜻하는 이른바 '동전주$^{penny\ stocks}$'에 대한 투자는 2024년까지 5년 사이에 세 배 이상 증가했으며, 현재 미국 전체 거래량의 14퍼센트를 차지한다. 스포츠 베팅과 외환 거래 광고는 어디서든 볼 수 있다. 비트코인을 제외한 다른 암호화폐, 즉 알트코인^{Altcoin}과 NFT$^{Non\text{-}Fungible\ Token}$(대체 불가능한 토큰)는 급등과 급락을 반복했다. 소셜미디어에서 활동하는 '금융 인플루언서'들은 구매 대행이나 제휴 마케팅으로 부자가 될 수 있다고 외치며 수백만 명의 팔로워를 끌어모았다. 다들 탈출구를 제시하겠다고 약속하면서 무언가를 시도하거나 판매한다. 한편 적극적으로 무언가를 시도하지 않는 사람들은 대신 막연한 희망을 품는다. 이런 태도와 추세를 반영이라도 한 듯, 2020년 이후 'manifesting(현현^{顯現}, 목표를 이루기 위해 긍정적인 생각과 행동을 통해 의식적으로 노력하는 것 – 옮긴이)'이라는 단어의 구글 검색 횟수는 두 배 이상 증가했다.[1]

하지만 문제는 욕망이 아니라 방법이다. 열망하는 목표를 안전하게 추구하기 위해서는 두 가지가 필요하다. 첫째, 모든 것을 걸지 않아야 한다. 이는 '개선' 버킷의 크기를 적절하게 조절하면 충분히 달성할 수 있다. 이 문제는 3장에서 다루었으며 마지막 장에서 다시 살펴볼 것이다. 둘째, 적정한 위험을 감수해야 한다. 도박을 하거나 일확천금을 노리는 방식에 현혹되지 않고 성공으로 이끄는 입증된 투자 방식을 추구해야 한다.

이 두 가지만 지킨다면 적어도 '개선' 버킷에 한해서는 분산투자, 위험 최소화, 부채 회피에 관한 냉철하고 합리적인 투자 조언을 모두 무시해도 괜찮다. 실제로 그와 정반대의 행동이 아주 간결하게 요약한 부자가 되는 방법이나 다름없기 때문이다.

안심하려면 분산투자를 하고, 부자가 되려면 집중투자를 하라

애슈빈 차브라는 그동안 만난 부유한 고객들을 떠올리며 이렇게 말했다. "최상류층은 자산배분과 분산투자의 원칙을 바탕으로 전통적인 포트폴리오를 구축해 부를 쌓지 않았습니다. 사실 그들은 정반대로 행동했죠."[2] 그는 엄청난 성과로 이어진 투자와 행동 유형의 세 가지 특징을 레버리지, 집중투자, 인적 자본으로 정의했다.

이 장에서는 각각의 특징을 살펴볼 것이다. 하지만 '모든 자산군에 조금씩 투자하라'는 결론을 내린 '유지' 버킷과 달리 '개선' 버킷에서는 대부분 하나에만 집중한다. 사실 분산투자를 시도하면 오히려 위험 수준을 높일 것이다. 각각의 투자에는 시간과 기술이 필요하다. 성공적으로 부동산에 투자하고, 유망한 주식을 잘 고르는 것도 모자라 사업을 운영하는 데 필요한 역량과 능력까지 갖출 가능성은 얼마나 될까? 오히려 너무 많은 일에 손을 대다 보면 결국 실수를 저지르고 돈을 잃을 가능성이 크다.

세계에서 가장 성공한 투자자들을 살펴보면 그들은 다방면에 능통하지 않았다. 매일 투자 기술에만 전념할 여유가 있지만, 특정 자산군이나 투자 스타일을 통달하는 데 집중한다. '채권왕'으로 불리는 빌 그로스Bill Gross를 예로 들어보자. 다른 누구보다 먼저 채권시장에서 숨은 기회를 발견한 그로스는 핌코PIMCO를 설립해 세계 최대의 채권 투자 기관으로 키웠고, 2조 달러 이상의 자산을 운용했다. 디지털커런시그룹DCG의 CEO인 배리 실버트Barry Silbert는 미국 파산법에 대한 전문 지식을 활용해 몇 번이고 수십억 달러를 벌어들였다. 크리스천 캔디$^{\text{Christian Candy}}$와 닉 캔디 $^{\text{Nick Candy}}$ 형제가 호화 부동산 개발 사업으로 벌어들인 순자산은 무려 20억 달러로 추정된다. 그들은 부동산 제국을 건설하는 동안 부업으로 주식 투자에 손대는 식으로 '분산투자'를 시도하지 않았다.

'집중^{focus}'은 불편한 선택을 강요한다는 점에서 가장 무서운 단어다. 특정 유형의 투자에 집중하는 건 다른 모든 선택지에 '아니요'라고 말하는 것과 다름없다. 하지만 이는 피할 수 없는 과정이며, 궁극적으로는 자신이 가장 끌리는 투자 대상을 선택해야 한다. 무엇을 선택하든 거기에 엄청난 시간을 쏟아야 할 테니 자신이 즐길 수 있는 것을 선택하는 것이 좋다.

이 장의 목표는 당신이 이런 분야 중 어느 하나라도 제대로 알고 시작할 수 있도록 이끄는 것이 아니다. 그것은 불가능한 일이다. 대신 나는 각 분야가 왜 '개선' 버킷에 들어갈 만한 후보인지, 주요 위험과 보상이 무엇인지 설명할 것이다. 그다음은 당신이 조사할 차례다. 특정 투자에 대해 자세히 알아보고 싶지 않다면 2장으로 돌아가 수입을 늘려 똑같이 삶의 질을 개선할 방법을 살펴보는 편이 좋을 것이다.

레버리지: 타인의 돈으로 부자가 되는 법

우리 대부분은 어떻게든 빚을 지지 않으려고 한다. 주택담보대출은 가능한 한 빨리 갚아버려야 하는 상품이고, 신용카드 부채는 무슨 수를 써서라도 피해야 하는 대상이다. 학자금 대출은 수년 동안 졸업생들을 따라다니며 재정적으로 부담을 준다.

나는 영국의 부동산 가격이 폭락하고 금리가 급등했던 1990년대 초에 어린 시절을 보냈다. 주변 어른들은 하나같이 주택담보대출 때문에 스트레스를 받는다며 어려움을 토로했다. 나는 어른들의 이야기를 제대로 이해하지 못했지만 그들이 공포에 빠져 있다는 것은 알 수 있었다. '저런 일은 절대 겪지 않아야겠다'라고 속으로 다짐했던 것이 생각난다. 내 예측 능력은 그리 신통치 않으니 다음 주 복권 번호를 내게 묻지는 않길 바란다. 현재 나는 주택담보대출을 꽤 많이 받았고, 그 덕에 재산의 상당 부분을 형성할 수 있었다.

다행히 부채를 도구로 사용할 수 있다는 것을 알게 되었기 때문이다. 금융투자를 위한 부채를 '레버리지leverage'라고 부른다. '레버리지'는 지렛대와 마찬가지로 투자 수익에 긍정적이든 부정적이든 증폭 효과를 가져다주므로 적절한 용어라고 할 수 있다. 간단히 말해 부채는 현재 가진 돈만으로는 할 수 없는 더 큰 금액의 투자를 가능하게 해준다.

주식 포트폴리오에 부채를 더해 수익을 끌어올릴 수 있지만 실제로 이를 실행하는 사람은 많지 않다. 주식시장의 변동성으로 인해 자산 대비 부채가 너무 급증하면 어려움에 빠질 수 있다. 부동산 투자를 할 때 레버리지를 사용하는 것이 더 일반적인 이유가 바로 여기에 있다. 부동산은 매매는 물론이고 특정 시점에 그 가치를 정확히 파악하는 것조차 어렵기 때문에 변동성이 드러나지 않아 담보대출을 받기에 매우 적절한 자산이다.

예컨대 부동산 매입 가격의 75퍼센트를 대출금으로, 나머지는 현금으로 지급한다고 가정해보자. 이는 자기자본 1달러를 투자할 때마다 은행에서 3달러를 빌린다는 의미다. 다시 말해 부동산 한 채를 사는 데 10만 달러를 현금으로 지불할 여유가 있다면, 주택담보대출을 이용해 10만 달러짜리 부동산 네 채를 살 수 있다. 당연히 이 돈을 빌리는 데는 비용이 발생한다. 바로 이자다.

주택 가격 변동에 따라 수익이나 손실이 발생하기 때문에 보상 또는 위험이 수반된다. 10만 달러짜리 부동산 한 채를 전액 현금으로 매입했는데 1년 후 가격이 5퍼센트 상승했다고 해보자. 수익이 얼마나 될까? 답은 간단하다. 5,000달러, 즉 5퍼센트 수익을 보았다.

반면 10만 달러짜리 부동산 네 채를 매입하는데, 각각 현금 2만

5,000달러를 지급하고 주택담보대출 7만 5,000달러를 받았다면 어떨까? 각 주택의 가격이 5퍼센트 상승하면 수익은 총 2만 달러가 된다. 투자한 원금의 20퍼센트에 해당한다. 레버리지를 사용해 수익을 네 배로 늘린 것이다.

실제로 부동산을 살 때는 세금이나 법률 비용처럼 대출이 불가능한 비용이 발생한다. 이런 비용까지 고려하면 수익률은 조금씩 달라진다. 하지만 나는 매입 가격의 75퍼센트(주거용 부동산 투자자들이 안전하다고 생각하는 최대치)를 대출받으면 수익률은 네 배가 아닌 세 배로 높일 수 있다고 가정한다.

이것이 레버리지를 활용한 부동산 투자가 큰 수익을 낼 수 있는 이유다. 부동산 가치가 매수 시점부터 평균적으로 매년 2퍼센트만 상승해도(이는 인플레이션 목표치에 부합하는 수준이다) 수익이 세 배로 늘어나므로 임대 소득을 더하기도 전에 이미 투자 수익은 6퍼센트로 증가한다. 미국과 영국의 부동산 가격 상승률이 인플레이션을 앞질렀고[3] 인플레이션 자체도 처음 목표치인 2퍼센트를 평균적으로 초과[4]했다는 점을 감안하면, 이는 보수적인 가정이다. 부동산 가치가 연간 4퍼센트 성장하는 것이 가능하다면 임대 소득을 고려하지 않고도 연간 12퍼센트의 수익을 얻을 수 있게 된다.

위 사례로 알 수 있듯, 부동산 자체는 특별한 자산이 아니다.

수익의 상당 부분이 레버리지를 활용하는 능력에서 비롯된다.

물론 레버리지는 위험을 수반하기 때문에 양날의 검이 될 수 있다. 만약 위 사례의 수치가 반대로 나왔다면 손실도 세 배로 늘어났을 것이다. 그러나 이익과 마찬가지로 이는 장부상 손실에 불과하며 매입 가격보다 낮은 가격에 부동산을 매도해 손실을 확정할 때만 실질적인 손실이 된다. 부동산 시장이 폭락하기 직전에 부동산을 매입해 그 가치가 곧장 20퍼센트 하락하는 불운을 겪더라도(레버리지로 인해 손실이 세 배로 불어나 60퍼센트가 될 수 있다), 결국에는 그 가격을 회복할 것이 거의 확실하다. 가격이 회복될 때까지 기다리며 임대 소득을 올릴 수 있다.

나는 이미 부동산에 편향된 입장을 밝혔지만, 부동산에도 당연히 부정적인 면이 있다. 가장 명백한 단점은 대출 비용과 관련한 위험이다. 처음 대출을 받을 때는 임대 소득이 주택담보대출 상환금을 충당하고 부동산의 다른 운영 비용을 감당할 수 있을 정도로 충분한지 확인해야 한다. 그러나 미국을 제외하고 영국, 캐나다, 호주 등 많은 국가에서는 5년 이상 고정 금리를 적용하는 경우는 드물다. 만약 4퍼센트 금리로 대출을 받았는데 5년 후 갱신 시점에 금리가 갑자기 12퍼센트로 치솟으면 어떻게 될까? 이자 비용이 세 배로 늘어나지만, 그 차액을 메우기 위해 임대료를 인상할 수는 없으므로 다른 곳에서 직접 자금을 조달하지 않고는 주택담보대출을 상환하지 못할 수 있다. 결국 부동산을 강제로 매각해야 하는 위험에 처하게 된다. 가격이 하락한 시점에 어쩔 수 없이 팔아야 한다면 피하려 했던 레버리지 손실을 확정 짓게 된다. 다행히 금리가 역사적 정상 수준으로 급격하고 극적으로 돌아오면서 이런 위험은 전보다 낮아졌다. 이는 투자자들에게 많은 문제를 야기했던 '공짜 돈' 시대가 종식된 데 따른 이점이다.

'개선' 버킷에 속한 다른 자산군과 마찬가지로, 부동산은 분명히 오랜 기간 방치하면 저절로 복리로 불어나는 형태의 투자가 아니다. 소셜미디어에서 화제가 된 '악덕 집주인' 이야기의 주인공이 되고 싶지 않다면, 변기가 막혔거나 추운 날씨에 보일러가 고장 났다며 수리를 요구하는 임차인에게 즉각 대응하고 시간을 들여 문제를 처리해줘야 한다. 15년이 훌쩍 지난 지금, 나는 마침내 계속 성장하면서도 관리하는 데 한 달에 한 시간도 채 안 되는 부동산 포트폴리오를 구축했다. 하지만 그 수준에 도달하기까지 많은 노력을 들여야 했고 시행착오를 겪었다.

'유지' 버킷에서 부동산에 레버리지를 활용하고 시장이 잘만 돌아간다면 레버리지를 활용하지 않은 투자보다 훨씬 빠르게 자산을 불릴 수 있다. 이는 생활수준에 눈에 띄는 변화를 불러올 것이다. 가격이 오를 때까지 몇 년을 기다리기보다는 수익을 빨리 실현할 수 있는 개발 프로젝트를 수행함으로써 결과를 더 빨리 얻기 위해 위험 수준을 더욱 높일 수도 있다.

집중투자: 경쟁력 있는 분야에 투자하라

2019년에 결제 처리 회사인 스퀘어^{Square}의 주식을 약 70달러에 매수한 투자자들은 2년 후 사실상 투자금이 세 배로 불어났을 때 크게 기뻐했을 것이다.[5] 반대로 다른 결제 처리 회사, 예를 들어 독일의 와이어카드^{Wirecard}를 선택한 사람들은 어땠을까? 와이어카드 투자자들은 같은 기간에 주가가 150달러에서 동전주로 전락하는 것을 보고 큰 충격을 받았을 것이다.[6]

이는 집중투자에 따른 기회와 위험을 보여주는 극단적인 예시이지만, 특별히 드문 경우는 아니다. 인덱스펀드로 구성되어 분산투자된 '유지' 버킷에서는 스퀘어와 와이어카드에 어느 정도 노출되었을 수 있다. 하지만 수천 개의 기업이 포트폴리오에 포함되어 있다는 점을 고려하면, 일부 기업의 성과가 극단적으로 차이가 나더라도 전반적인 투자 성과에는 큰 영향을 미치지 않았을 것이다. 이와 대조적으로, 이들 기업 중 한 곳을 선택해 '개선' 버킷에 담는다면 그 결과는 인생을 바꿀 만큼 성공적일 수도, 완전히 파산할 수도 있다.

2021년 게임스톱^{GameStop} 주식이나 개 관련 암호화폐의 가격을 터무니없이 고점까지 밀어올린 사람들은 '집중투자'를 한 걸까? 아니다. 그들은 도박을 한 것이다. 투자가 도박과 다른 점은 시장에서 일반적인 투자자들은 모르는 유용한 정보를 확보해 일종의 우위를 점유한다는 것이다.

나는 부동산 업계에 종사하면서 얻은 유용한 정보를 이용해 장단기투자 포지션을 취하곤 한다. 예를 들어 사업을 통해 주택 건설 회사들과 소통하다 보면 이들의 다음 분기 실적이 양호할지 아니면 저조할지 감지할 수 있다. 혹시 이 글을 읽고 있는 변호사가 있다면, 분명히 밝힌다. 이 행위는 내부자 거래가 아니다. 나 역시 다른 사람들이 발품을 팔아 알아낼 수 있는 정보밖에 구하지 못한다. 하지만 대부분은 그런 노력조차 기울이지 않는다. 나는 실적 발표 후 주가가 반등할 때 주식을 매도해 수익을 낸다.

또 다른 예를 들자면, 나는 수년 동안 특정 부동산 펀드를 보유했다. 당시 시장이 그 펀드의 가치를 잘못 평가하고 있다고 믿었기 때문이다. 사람들은 해당 산업 부문의 일부 펀드가 겪는 문제를 근거로 그 펀드를 매도하고 있었지만, 나는 그 펀드에 문제가 없다는 것을 경험적으로 알고 있었다. 시간이 오래 걸렸지만 결국 내 인내심이 빛을 발했다. 실체 없는 문제에 대한 우려가 사라지자 주가는 급등했고, 나는 최근 펀드를 매도해 수익을 실현했다.

이런 '우위'는 이미 가진 전문 지식 분야를 활용하거나 새로운 분야를 개발해 얻을 수 있다. 이것이 바로 '개선' 버킷을 개인 맞춤형으로 만드는 방법이다. 예컨대 재미 삼아 생명공학 분야의 책을 읽었다면 운이 좋다고 할 수 있다. 앞으로 수년 동안 생명공학은 모든 부문에 걸쳐 크게 성장할 가능성이 높기 때문이다. 그러나 신약 임상시험 결과를 읽는다는 생각만으로도 피로하고 지루하다면 그 분야는 피하는 것이 좋다.

정보가 전부는 아니다. 관련 정보를 모두 확보하는 데 그치지 않고 그것을 활용할 수 있는 심리적 자질도 갖추어야 한다. 투자를 하다 보면 시작하기 전에는 전혀 예상하지 못했던 정신적 어려움을 겪게 된다. 무엇보다도 돈을 잃을 가능성은 두려움을 유발한다. 그것이 일시적이고 서류상으로만 보이는 것이라도 말이다. 두려움은 냉철한 사람도 어리석은 행동을 하게 만든다. 가격이 하락할 때 자신의 판단이 틀렸음을 인정하고 손실을 줄일지, 아니면 자신의 판단이 옳으나 시장이 그것을 깨닫기까지 시간이 걸릴지를 파악해야 한다. 일이 잘 풀릴 때는 수익을 실현하고 빠져나올 때를 알아야 하는데, 이는 더 어려울 것이다.

마치 투자가 '모 아니면 도' 같은 도박처럼 보일 수 있지만, 사실은 그렇지 않다. 여러 기업에 매매 포지션을 취하면 분산투자의 이점을 어느 정도 누릴 수 있다. 가장 중요한 것은 깊이 파고들어 진정한 투자 기회를 찾아내는 능력이다. 이상하게 들릴지 모르지만, 수박 겉핥기 식으로 대충 알아본 10개 기업보다 깊이 분석한 두세 개 기업에 투자하는 것이 덜 위험할 수 있다.

인적 자본: 궁극적인 부의 창출 수단

호기심 넘치는 유튜버에게 길거리에서 붙잡혀 질문을 받은 백만장자 중 상당수는 집중투자라는 원칙을 극대화해 부를 축적했다. 그들은 자신이 가진 모든 것을 자기 사업에 쏟아부었다.

물론 "부자가 되려면 사업을 시작하라"는 말이 당장 실행 가능한 현명한 투자 조언은 아닐 것이다. 하지만 이 조언을 무시할 수도 없다. 부유한 집안에서 태어나지 않는 한, 사업은 부자가 되는 가장 흔한 방법이기 때문이다. 개선형 투자의 세 가지 동력을 모두 결합할 때 사업의 위력이 발휘된다. 즉, 레버리지(재무적 레버리지 또는 직원을 활용한 운영상의 레버리지를 포함한다)를 이용한 집중투자는 창업자의 시간과 노력, 기술이 상당한 규모로 투입되는 것을 의미한다.

제임스 뒤물랭의 유튜브 인터뷰는 이런 개선형 투자가 다양한 경로를 통해 이루어질 수 있음을 암시한다. 뒤물랭과 이야기를 나눈 한 치과의사는 의학계 지식을 활용해 어금니를 치료하는 행위를 넘어서면 훨씬 더 많은 돈을 벌 수 있다는 사실을 깨달았다. 그는 치과가 입점한 건물을 사들인 후 직원들을 고용해 사업으로 확장했다. 또 다른 사례는 이동식 식수 트레일러를 발명한 엔지니어로, 그가 만든 제품은 올림픽에서도 사용되었다. 그런가 하면 대학을 중퇴하고 유명 인터넷 의류 브랜드를 만든 사람도 있었다.

물론 사업은 일반적인 부업처럼 가볍게 할 수 있는 것이 아니다. 시간과 기술은 엄밀히 말해 투자가 아니지만, 나는 그것들을 '보호' 버킷의 일부로 여기고 싶다. 투자했다가 예상치 못한 손실을 보더라도 개인의 능력이 있다면 언제든지 이를 활용해 생계를 유지할 수 있을 것이다. 따라서 창업은 시간을 소모하는 동시에 직장을 유지하지 못하게 한다는 점에서 안정성을 잃게 되므로 분명히 위험한 일이다. 이처럼 여러 이유로 대다수에게 창업은 적합하지 않을 것이다.

그러나 사업의 이점을 똑같이 누릴 수 있는 다른 방법이 있다. 현금도 있고 확신도 있지만 기술이나 전념할 의지가 없다면, '개선' 버킷을 이용해 타인의 사업에 투자하는 건 어떨까? 페이팔 창업자인 피터 틸Peter Thiel의 개인적인 투자는 아마도 역사상 가장 유명한 성공 사례일 것이다. 그는 초기에 페이스북에 50만 달러를 투자했는데 회사가 상장된 후 매각했을 때 그 가치는 무려 10억 달러가 넘었다.[7]

다른 기업에 투자하는 형태는 여러 가지가 있다. 그중 하나는 사모펀드 투자다. 투자자들이 어느 정도 자리 잡아 수익성이 있는 기업을 사들인 다음 기업 가치를 높여 몇 년 후에 되파는 것을 목표로 삼는다. 개인이 직접 참여하는 경우는 드물며, 주로 사모펀드에 투자하는 형태를 취한다. 이런 투자는 자산의 상당 부분을 차지하지 않는 한, 여러 자산군에 분산투자되므로 '유지' 버킷의 일부로 간주된다. 또 다른 방식은 엔젤 투자로, 아직 수익을 내지 못하고 있고 현재는 아이디어에 불과한 초기 단계의 기업에 투자하는 형태다. 이런 고위험 투자는 대부분 기대만큼 성공하진 못하지만(피터 틸이 투자한 다른 모든 회사가 끝내 실패했다는 이야기는 들어본 적이 없을 것이다), 드물게 성공하는 경우 수익률이 매우 높아서 손실을 모두 만회하고도 남는다. 엔젤 투자 중에서 가장 적은 금액은 보통 5,000달러 수준이다. 이는 개인이 투자용 부동산을 사들일 때 마련해야 하는 계약금과 비슷하게 초기 자금으로 여러 건의 투자를 진행할 수 있으므로 위험을 다소 분산시킬 수 있다.

사모펀드와 엔젤 투자에서 중요한 것은 거래 흐름이다. 투자금을 지원받는 대가로 지분을 넘겨줄 훌륭한 기업이 얼마나 될까?

기업들은 '크라우드 펀딩' 플랫폼을 통해 소액 투자자들의 자금을 모을 수 있다. 유명 크라우드 펀딩 플랫폼은 몬조^{Monzo}, 오큘러스^{Oculus}, 브루독^{BrewDog} 등 몇몇 성공 사례를 배출했지만, 당연히 최고의 투자 기회는 대중에게 공개되기보다는 내부 관계자들에게 돌아간다.

그래도 적절한 인맥이 있거나 그런 인맥을 만들기 위해 기꺼이 시간을 투자할 의향이 있다면, 타인의 사업을 밀어주는 것이 창업보다는 당장 실행 가능한 대안이 될 수 있다. 직장을 그만두고 창업을 하려는 동료가 있다면, 특히 당신이 투자 기회를 검증하고 그들의 실행력을 판단하고 창업 과정에서 조언을 제공할 만한 전문성을 갖고 있다면, 그들의 사업에 소액 주주로 참여해 훗날 보상을 노려볼 수 있을 것이다.

'개선' 버킷의 기준에 비추어 보더라도 이런 유형의 투자는 위험·보상 스펙트럼의 극단에 위치한다. 한 가지 투자 기회에 전 재산을 쏟아붓는 것은 무모한 짓이다. 따라서 애초에 '개선' 버킷의 규모를 적절하게 설정한 다음, 그 안에서 어느 정도 분산투자를 도입하는 것이 중요하다.

예를 들어 나는 친구가 창업한 기술 스타트업에 엔젤 투자자로 나선 적이 있다. 그 친구의 탁월한 능력을 알고 있는 만큼, 그 여정에 함께하게 되어 기뻤다. 하지만 내가 그녀를 아무리 높이 평가하고 투자 기회를 포착했다고 하더라도 대부분의 사업이 실패하며 투자금을 모조리 날릴 가능성이 더 크다는 사실을 잘 알고 있다. 만약 그 투자가 내가 가진 자산의 상당 부분을 차지한다면 위험 수준은 정상 범위를 벗어날 것이다. 하지만 다행히 나는 과도한 스트레스를 받지 않도록 소액만 투자했다. 덕분에 내 사업과 레버리지를 이용한 부동산 투자를 포함한 '개선' 버킷에서 엔젤 투자의 비중은 적은 편이다. '개선' 버킷 자체는 장기적인 안전성과 보호 기능을 제공하는 다른 두 버킷과 나란히 놓여 있다.

내가 할 수 있다면 누구나 할 수 있다

백만장자들의 유튜브 인터뷰에는 우리가 인정해야 할 불편한 진실이 있다.

사업에 실패하거나 부동산 개발로 파산한 사람에게는 절대 인터뷰를 요청하지 않는다는 점이다. 이처럼 패자는 무시하고 승자만을 칭송하는 경향을 생존 편향 survivorship bias 이라고 한다. 대부분이 사업이나 투자 등 눈에 띄는 성과를 내는 분야에서 성공 가능성을 과대평가하는 이유도 바로 이 생존 편향 때문이다.

내가 이 책에서 자신을 믿고 열심히 노력하기만 하면 꿈꾸는 모든 일을 성취할 수 있다고 말한다면 독자들은 높은 평점을 줄지도 모른다. 하지만 나는 그렇게 쓸 수 없다. 야심 찬 목표를 반드시 달성하리라는 보장은 누구도 할 수 없다. 그저 시도하는 수밖에 없고, 만약 실패한다면 '보호'와 '유지' 버킷을 고수할 때보다 더 뒤처질 것이다.

따라서 세 버킷 사이에서 적절한 균형을 찾는 것이 매우 중요하다. 투자가 종종 '모 아니면 도'처럼 극단적으로 변동성이 커지거나 단순히 운에 의존하는 값싼 복권 같은 성격을 띠게 된 이유는 투자의 본질이 아닌 규모에서 찾을 수 있다. 따라서 이 책의 마지막 장에서는 지금까지 다룬 내용을 종합해 실행 계획을 세우고, 영감을 얻을 수 있는 실제 사례들을 살펴볼 것이다.

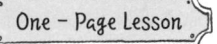

부의 지도를 다시 그리는 3가지 전략

1. 레버리지: 시스템의 힘을 빌려라
적은 자본으로 많은 자산을 통제하는 순간
수익률은 세 배 이상 증폭한다.

2. 집중투자: 경쟁 우위를 찾아라
분산투자는 안전을 위한 것,
집중투자는 부를 창출하기 위한 것이다.
시장이 미처 발견하지 못한 가치를 찾아내고,
거기에 집중적으로 투자하라.

3. 인적 자본: 궁극적인 부의 엔진을 가동하라
진정한 부는 사업에서 나온다.
전문 지식을 활용해 남들이 보지 못하는 기회를 포착하라.

"계산된 위험 없이는 비범한 부를 이룰 수 없다.
현명한 투자자는 위험을 없애지 않고,
그것을 이해하고 관리한다."

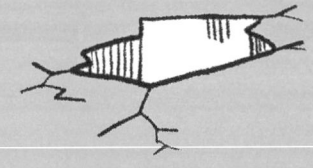

8장
결론

상식을 뒤엎고
진정한 부를 이루는 법

재정적 자유는
생각보다 가까이에 있다

나는 이 책에서 다룬 돈에 관한 오해들을 파헤치기 시작했을 때 적잖이 놀랐다. SF 작가 더글러스 애덤스$^{\text{Douglas Adams}}$의 표현을 빌리자면, 마치 5년 동안 상대방을 시각장애인이라고 굳게 믿고 있었는데, 알고 보니 그저 너무 큰 모자를 깊숙이 눌러 써서 앞이 잘 보이지 않았을 뿐이었다는 사실을 뒤늦게 깨달았을 때의 충격과도 같았다.

나는 부모님 세대와 달리, 시장에 대한 전통적인 믿음이 더는 잘 작동하지 않을 것이라고 오래전부터 생각해왔다. 하지만 주류 투자 조언이 이렇게까지 빗나갈 줄은 예상하지 못했다. 오트 라떼를 끊고 심지어 임차료까지 줄였지만, 저축만으로는 경제적 자립을 이뤄내지 못했다. 주식과 채권은 생각보다 그리 안전한 투자 대상이 아니었다. 내 집 마련은 궁극적인 인생 목표와 거리가 멀었고, 미래 계획을 세울 때 오히려 돈을 비효율적으로 사용하는 것이다.

내가 이해하게 된 현실을 반영해 경제적 삶에 변화를 주기 시작하자 이상한 일이 벌어졌다. 돈에 대해 생각하는 횟수가 크게 줄어든 것이다. 세속적인 욕구를 전부 포기한 것은 아니지만, 돈에 대해 깊이 고민할 필요가 없어졌다. 모든 복잡성과 불확실성을 극복하는 단순한 계획이 있기 때문이다. 주식시장에 어떤 일이 벌어질지, 어떤 정당이 어떤 정책을 채택할지를 걱정할 필요도 없다. 나는 결과를 통제할 수 있는 효과적인 접근방식을 따르고 있다는 확신이 있다.

이런 변화는 10여 년에 걸쳐 일어났다. 나는 수많은 실수를 저지르고 새로운 퍼즐 조각들을 발견하면서, 더 멀리까지 나아가게 되었다. 그러나 당신은 그렇게 오랜 시간을 들이지 않아도 된다. 명확한 모델을 따라 논리적인 순서로 그런 변화를 일으킬 수 있기 때문이다.

이 책의 마지막 장에서는 당신이 따라 할 수 있는 8단계를 제시하고, 인생의 다양한 단계에 있는 사람들에게 이런 변화가 어떻게 일어날 수 있는지를 설명할 것이다.

재정적으로 더 나은 미래로 향하는 8단계 실행 전략

1단계: 지출을 쉽게 줄이기

이제 우리는 돈을 열심히 모으면 부자가 될 수 있다는 것이 근거 없는 믿음이었음을 알고 있다. 하지만 의식적인 지출을 받아들이면 자신이 중요하게 여기는 것을 포기하지 않고도 지출을 줄일 수 있다.

당장 저축이나 투자할 여력이 없다면 이 문제부터 해결해야 한다. 그래야 나머지 모든 단계가 가능하기 때문이다. 벌어들인 돈을 모두 써버린다면 어떤 진전도 이룰 수 없다. 하지만 빠른 것이 반드시 좋은 것은 아니다. 더 과감하게 지출을 줄일 수 있다고 해도 나는 여전히 내일을 염두에 두면서 오늘을 살아가야 한다고 생각한다. 느리지만 꾸준한 접근방식이 더 지속 가능하다. 젊을 때만 경험할 수 있는 것도 있기에 수십 년 동안 자신의 욕구를 부정하는 것은 이치에 맞지 않는다.

2단계: 기본적인 보호 장치 마련하기

대다수는 자산을 지키는 것이 필수적이고, 지금의 생활방식을 유지하는 것이 바람직하며, 열망하는 목표를 달성할 수 있다면 매우 훌륭하다고 생각할 것이다. 이런 우선순위를 고려한다면 다른 조치를 취하기 전에 최소한 기본적인 보호 장치를 마련하는 것이 합리적이다.

따라서 먼저 '보호' 버킷을 채워야 한다. 적어도 이 버킷에는 비상금이 포함될 것이다. 4장을 다시 살펴보면 금액을 계산하는 방법을 알 수 있다.

주택처럼 큰 보호 자산을 장만하기 위해 현금을 모으고 있다면 급전이 필요할 경우 이 돈을 꺼내 쓰면 된다고 주장할 수 있다. 그런데 비상금을 위한 별도의 버킷을 마련해두는 것은 인플레이션이 발생하는 상황에서 더 많은 현금이 녹아내린다는 뜻이다. 이는 논리적으로 말이 되지만, 대부분은 두 개의 버킷을 정신적으로 분리하는 것을 선호하며, 비상시에 저축한 돈을 급히 써야 할 때 내 집 마련이라는 꿈이 뒤로 밀리는 상황이 그리 내키지 않을 것이다.

3단계: 집에 대해 결정하기

나는 4장에서 집이 당신을 엄청난 부자로 만들어주지 않을 것이라는 주장을 폈다. 하지만 실용적이고 정서적인 이유로 인해 여전히 내 집 마련 계획을 세우는 사람이 많을 것이다. 이미 집을 소유한 상태에서 주택담보대출을 갚고 있다면 이 단계를 건너뛰어도 된다. 하지만 아직 집을 살지 말지 고민하고 있다면 세 가지 선택지를 생각해보자.

1. 주택 매입 우선시하기

그동안 모은 돈은 예금에 넣어 주택 구매에 필요한 계약금으로 사용한다. 물론 이 돈은 장기간 가치가 떨어질 수 있는 자산에 투자하기보다는 은행 계좌에 저축한다.

2. 투자 우선시하기

'유지' 버킷의 투자를 늘려 가능한 한 빨리 복리효과를 일으킨다. 향후 수입이 증가하면 여분의 돈을 주택 구매에 쓸 예금에 넣는다.

3. 조화롭게 혼합하기

매달 저축액의 절반을 투자해 복리효과를 일으키고 나머지는 계약금으로 적립할 수 있다.

이 문제에 정답은 없다. 어떻게 해야 옳은지 그른지를 말해줄 수 있는 사람도 없다. 사실 자기 자신조차 무엇이 옳은 선택인지 알지 못한다. 예측할 수 없는 미래에 대한 기대를 바탕으로 결정해야 하기 때문이다. 예컨대 집을 사기 위해 열심히 저축하고 있는데 해외에서 일자리를 제안받을 수 있다. 그 시점에는 집을 사는 일이 갑자기 무의미해질 것이다.

그래도 최선을 다해 결정을 내려야 한다. 나는 그것이 경제적이기보다 실용적이고 감정적인 선택이어야 한다고 생각한다. 4장에서 다루었듯, 집에는 어떤 마법 같은 힘이 깃들어 있지 않다. 자산에 대한 소유권을 구축하는 일은 물론 중요하지만, 그것이 꼭 직접 들어가 살아야 하는 자산이어야 할 필요는 없다. 모든 비용을 충분히 계산하고 기회비용까지 고려할 때 집을 소유하는 것이 압도적으로 유리한 경우는 거의 없다. 다른 자산(투자용 부동산이 될 수도 있다)을 소유하는 것도 마찬가지로 좋은 선택이 될 수 있다. 시간이 지나면서 많은 것이 변할 수 있으므로 무엇이 재정적으로 더 나은 자산이 될지 알 수 없다. 그러니 유동성보다 안전을 얼마나 중요하게 여기는지와 같은 생활방식에 영향을 주는 요소에 초점을 맞추는 것이 좋다.

대다수에게는 '조화롭게 혼합'하는 형태의 선택지가 앞으로 나아갈 길이 될 것이다. 예를 들어 고용주가 당신이 연금에 납입하는 금액만큼을 추가로 보태준다면 이것은 공짜나 다름없는 돈이니 최대한도로 이용하는 것이 합리적이다. 상한선을 넘어서는 돈은 추가로 저축해 주택 구매에 사용하면 된다.

4단계: '버킷' 규모 계산하기

3장에서 배운 내용을 활용해 자신이 가진 투자 자산을 '보호', '유지', '개선' 버킷으로 구분해보자. 마지막으로 세 가지 '버킷'에 분산된 투자 자산을 보여주는 원형 차트를 만들어야 한다(스프레드시트를 사용하면 쉽게 만들 수 있다. 아니면 종이에 대략적으로나마 그려 넣으면 된다). 아직 투자를 하지 않았다면 현재 상태를 알 수 있도록 목표로 삼는 자산배분을 고민해보자.

다음으로 현재 생활 여건, 목표, 그리고 '손실에 대한 두려움'부터 '이익에 대한 욕구'로 이어지는 스펙트럼에서 나의 위치를 고려해 실제 자산배분이 '이상적인' 수준과 얼마나 일치하는지를 평가한다. 당신이 나와 비슷하다면 실제와 이상적인 자산배분이 일치하지 않아 충격을 받을 수도 있다. 나는 직접 이 과정을 거치면서 내 나이와 위험 선호도, 역경을 회복하는 능력에 비해 훨씬 신중하게 투자한다는 사실을 알게 되었다.

당신은 스스로를 젊고 역동적이며 야심 찬 유형의 투자자라고 여길 수 있지만, 정작 '개선' 자산이 전혀 없다는 사실에 깜짝 놀랄지 모른다. 이는 노년에 안락한 삶을 누릴 수 있게 해주지만, 생활수준을 획기적으로 끌어올리거나 조기 은퇴를 꿈꾸고 있다면 적절하지 않다. 반대로 당신은 본래 신중한 성격의 소유자이지만, '개선' 자산에 너무 치중되어 있음을 발견할 수도 있다. 개별 주식을 선택하고 있으면서 집을 소유하지 않는다면 다음 시장 폭락 때 엄청난 충격을 받을 수 있다.

이 분석은 미래에 도달하고자 하는 목표가 아니라 현재 자신의 상황을 바탕으로 한다는 점을 기억해야 한다. 시간이 지나면서 우선순위가 바뀌고 투자 기간이 줄어들며, 태도의 변화에 따라 이상적인 자산배분도 달라질 것이다. 20년 후에 지금의 자산배분을 '이상적'이라고 생각할 가능성은 매우 낮다. 이 점을 인지하면 부담감이 줄어든다. 다음 단계에 대해 최선을 다해 추정하고 이를 지속적으로 검토할 뿐이지, 전반적인 투자 인생을 좌우할 돌이킬 수 없는 결정을 내리는 것이 아니다.

5단계: 버킷 점검하기

이미 유지형 투자를 하고 있다면 6장에서 다룬 분산투자에 관한 오해를 떠올리며 다시 생각해보자. 실제로 얼마나 분산투자를 했는가?

대부분은 주식 비중이 매우 높을 것이다. 아마도 미국이나 자국에 편향되어 있을 가능성이 크다. 이제 이것이 진정한 의미의 분산투자가 아니며 자산을 보호하지 못하는 온갖 다양한 시나리오가 존재한다는 사실을 이해했다면, 지금의 투자 양상에 대해 어떻게 생각하는지 평가해보자. 자산 가치가 50퍼센트 하락하는 상황을 얼마나 편안하게 받아들일 수 있는가? 매년 수익률을 조금 낮추는 대신 그런 변동성을 완화할 의향이 있는가?

재조정할 필요성을 인식했다면 6장으로 돌아가 어떤 자산을 어느 정도로 추가해 분산투자를 할지 고려해야 한다. 이를 위해 지금 소유한 자산을 모두 매각해야 하는 건 아니다. 향후 매수할 때 새로운 자산에 집중하면 점차 원하는 수준의 분산투자를 달성할 수 있다.

이 결정을 내릴 때는 적절한 버킷에 자산을 배분하는 작업이 한 버킷 내에서 완벽하게 배분 비율을 맞추는 작업보다 훨씬 중요하다는 점을 기억해야 한다. 그러니 세부 사항에 얽매이지 말고 일단 진행하는 것이 좋다. 당신의 결정이 만들어내는 차이는 미미할 것이고, 당신의 시간과 관심은 미래에 밟게 될 단계에 쏟는 것이 낫다. 게다가 처음부터 엄청난 금액을 투자하지는 않을 테니 위험 부담도 적고 나중에 조정할 기회도 충분할 것이다.

6단계: 복리 시스템 구축하기

기존의 '유지' 투자에 추가하든 새롭게 시작하든, 복리효과의 이점을 누리면서도 지나치게 세부 사항에 신경 쓰지 않는 것이 좋다. 이를 위해서는 분산투자와 자동화가 이루어지고 단순하고 일관되게 작동하는 '시스템'을 구축해야 한다.

이상적인 해결책은 매달 은행 계좌에서 투자 플랫폼으로 자동 이체를 설정해놓고, 모으고 싶은 투자 상품을 반복적으로 매수하기 위해 자동 주문을 설정하는 것이다. 이렇게 설정해놓지 않으면 '인간 소프트웨어'의 결함으로 인해 일을 그르칠 가능성이 크다. 가령 매매를 잊어버리거나, 특정 시점에 더 많은 돈을 투자하는 것이 나은지 의심하게 되기 때문이다. 대신 게으름을 역이용해서 좋은 투자 습관이 이뤄지도록 시스템을 만들고, 이 시스템에서 벗어나려면 번거로운 조치를 취하도록 만들어야 한다. 이런 습관을 들이는 데는 최대 몇 시간이면 충분하며, 이는 그동안 투입한 시간 대비 가장 높은 투자수익률을 기록할 것이다.

7단계: 소득 높이기

어쩌면 당신은 모든 투자 버킷을 채우는 데 마음껏 쓸 수 있는 현금을 충분히 확보하고 있을지 모른다. 조금 모자라지만 크게 부족한 정도는 아닐 수도 있다. 아니면 미래를 위해 투자하거나 현재 삶을 개선하기 위해 투자할 수 있는 돈이 전혀 없을 수도 있다.

마지막 유형에 속한다 해도 걱정하지 마라. 이 책을 읽는 대다수는 의식적으로 지출을 줄이는 첫걸음을 내디뎠다 해도 당장은 투자 목표를 달성하지 못할 테니 말이다. 생각해보면, 목표를 즉시 달성한다는 것 자체가 이상한 일이다. 헬스장에 가거나 운동화를 사기도 전에 완벽한 몸매를 기대하지 않는 것처럼, 투자에 대해 깊이 생각하기도 전에 이미 재정 상태가 좋다면 그것은 엄청난 행운이다.

당신은 지금보다 더 나은 위치에 서고 싶을 것이다. 하지만 현재 상태와 목표의 격차를 인식하는 것만으로도 생각보다 큰 진전을 이룬 셈이다. 이제 그 격차를 줄이기 위해 어떤 조치라도 취할 수 있기 때문이다. 조치를 취하는 과정에서 완전히 통제할 수 있는 요소는 오직 하나뿐이다. 바로 '소득을 높이는 것'이다.

왜 그럴까?

- 이미 의식적인 지출을 하고 있으므로, 현재의 생활방식을 포기하지 않고는 더 이상 지출을 줄일 수 없다.
- 자산을 지키려면 무엇을 해야 하는지 알고 있지만, 이를 줄일 방법은 없다.
- 분산투자된 포트폴리오의 평균 수익률을 현재 수준보다 강제로 더 높일 수 없다.
- '개선' 버킷에서는 더 큰 상승 여력을 가진 투자를 할 수 있지만, 이는 완전히 새로운 기술을 익혀야 하는 영역이며, 투자 성과를 내기까지 시간이 걸린다.

하지만 소득을 높이는 일은 오늘부터 시작할 수 있고, 마음만 먹으면 당장 다음 주 이맘쯤에 비록 적은 금액일지라도 더 벌어들일 수 있다. 추가 수입은 현재 목표로 삼은 자산을 더 많이 살 수 있게 해주며 모든 투자에 활력을 불어넣을 것이다.

임금 인상에 성공하든 자기 사업이나 부업을 시작하든 추가 수입을 올릴 방법을 찾는다면 2장을 다시 읽어보길 바란다.

8단계: '개선' 투자 조사하기

이제 버킷 두 개를 관리하게 된다. '보호' 버킷을 비상금 형태로 분류하고, 내 집 마련을 우선순위에 둔다면 주택 매입을 위한 단계를 거친다. '유지' 버킷에도 돈을 넣어 복리효과를 보기 시작한다.

잠시 하던 일을 멈추고 이것이 얼마나 큰 성과인지 생각해보자. 그동안 세운 계획은 자동으로 실행될 것이며, 금융시장에 전혀 관심을 기울이지 않아도 안전한 미래가 보장될 것이다.

하지만 더 빨리 목적지에 도착하고 싶은 마음에 비행기를 타는 도중에 왼쪽으로 방향을 틀고 싶다면 어떻게 해야 할까? 그렇다면 일곱 번째 오해를 다시 떠올려보자. 적어도 '개선' 버킷의 범위 내에서라면 시장을 이길 수 있다. 이런 투자가 잘 수행된다면 (기억하겠지만 투자 실적은 투입된 시간과 기술에 달려 있다), 현재 삶의 질을 높이거나, 은퇴를 앞당기거나, 일반적인 연금 수령 연령에 도달했을 때 가장 호화로운 크루즈 여행을 선택할 수 있는 날이 올 것이다.

'개선' 버킷에 할당할 돈이 조금 남아 있을 수 있지만, 부동산 같은 자산군에 배분하기에는 자금이 턱없이 부족할 수 있다. 그래도 괜찮다. 나중에 이런 유형의 투자를 할 수 있도록 전용 계좌에 현금을 모으기 시작하고, 그동안 해당 주제에 대해 읽고 배우면서 지식을 쌓으면 된다. 아직 체감하기 어려울 수 있지만, 이것이 가장 좋은 시작 방법이다. 돈은 많지만 지식이 거의 없는 사람이 무턱대고 덤벼들면 실수를 저지르기 쉽고 결국 비싼 수업료를 지불해야 할 것이다.

돈의 진정한 주인이 되는 법

지금까지 나는 간단한 일련의 행동 지침을 제시했지만, 대부분의 단계에서는 일반적인 '규칙'을 적용하기보다 스스로 판단을 내려야 할 것이다. 나 역시 직접 겪어봤기에 이 과정이 부담스럽게 느껴질 수 있음을 안다.

각자가 처한 상황이 다를지라도 타인이 어떤 결정을 내리는지 살펴보는 것은 도움과 위안이 될 수 있다. 이를 위해 사람들이 인생에서 다양한 상황에 직면했을 때 어떻게 계획을 수정해 현실적인 재정 상태를 제대로 반영할 수 있을지 몇 가지 예시를 살펴보자.

비싼 집은 있지만 현금은 없는 사람들

믹과 샘 부부는 50대 초반이며, '보호' 버킷이 넘쳐난다. 비상금을 제외하고 저축한 돈을 모두 주택담보대출 상환에 쏟아부은 결과다. 그들은 은행에 전화를 걸어 마지막으로 추가 납부를 해 대출을 전액 상환한 후 50번째 생일을 축하했다. 대출을 다 갚고 이제 집이 100퍼센트 그들의 소유가 되었음을 확인하자마자 기쁜 마음에 포도주 병의 코르크 마개를 열어젖혔다.

그들은 대출을 모두 갚은 덕분에 매우 안전한 위치에 올라섰지만, 미래에 도움이 될 만한 '유지' 또는 '개선' 자산이 거의 없다. 물론 자산이 있긴 하다. 퇴직연금에 가입해 약 10년 동안 납부한 결과, 총 3만 달러에 달하는 주식과 채권을 보유하게 되었다. 이 속도로 계속 납입한다면 연금 수령 연령이 되어도 총자산이 6만 달러밖에 안 되어 은퇴 후 연 소득이 2,400달러에 불과할 것이다. 하지만 둘 다 국민연금에 가입되어 있다. 둘의 연금을 합산하면 은퇴 자금은 약 2만 5,000달러에 이를 것이다.

이 정도면 나쁘지 않다. 특히 두 자녀가 독립하면 그들은 더 작은 집이나 저렴한 지역으로 이사해서 현금을 더 확보할 수 있다. 그러나 이는 그리 이상적인 방법이 아니다. 사실상 모든 소득을 국가에 전적으로 의존해야 하므로 연금 수령 연령이 되기 전까지 일을 그만둘 수 없기 때문이다. 이상적으로는 둘 다 조기 은퇴를 원했을 것이다. 그들은 세계 여행을 꿈꾸고, 아직 건강할 때 좋아하는 활동을 즐길 수 있기를 바란다.

그나마 희소식은 주택담보대출을 다 갚았으니 투자금을 늘릴 수 있다는 점이다. 이전에는 매달 대출 상환금으로 1,000달러가 나갔는데, 이제 그 돈을 '유지' 버킷에 추가할 수 있다. 두 사람이 65세가 되면 전보다 넉넉한 37만 6,000달러를 확보하게 된다. 그러면 연간 최소 1만 5,000달러를 인출해 쓸 수 있게 되고, 은퇴 자금은 총 3만 6,200달러가 된다.

하지만 이는 여전히 연금을 받을 수 있는 연령까지 계속 일해야만 가능한 일이다. 60세 즈음에는 투자금에서 9,240달러만 인출할 수 있고, 이는 일을 그만두기에는 충분하지 않은 금액이다.

믹과 샘은 복리의 기적적인 효과를 그다지 보지 못한 대표적인 예이지만, 그들에게는 이를 보완할 두 가지 선택지가 있다. 첫 번째는 '유지'보다 '개선' 자산군에 매달 1,000달러를 투자하는 것이다. 주식을 선별하거나 부동산을 사들이거나 완전히 다른 자산군에 투자할 수도 있다. 그렇게 해서 인플레이션을 웃도는 연간 15퍼센트(내가 가정해온 5퍼센트보다 높은 수치다)의 복리로 투자금을 불릴 수 있다면, 60세 즈음에는 연간 6만 달러라는 막대한 수익을 올리게 될 것이다. 그렇게 되면 당초 계획보다 적어도 5년 일찍 직장을 그만두고 꿈꾸던 세계 여행을 떠날 수 있을 것이다. 물론 이는 어려운 일이고 위험이 도사리는 길이지만, 그럼에도 하나의 선택지임은 틀림없다.

두 번째는 수입을 늘리는 것이다. 믹이 기존의 기술과 인맥을 활용해 프리랜서로 일한다면 두 배의 수입을 올릴 수 있을지 모른다. 여행을 떠날 준비가 되면 믹은 원격으로 고객을 상대하며 일할 수 있을 것이다. 믹이 파트타임으로 일하는 동시에 부부는 장기간 여행을 즐길 수도 있다.

또 다른 방법은 매달 1,000달러를 투자하는 대신 그 돈으로 새로운 사업을 시작해 5년 후에는 그 사업을 직원에게 맡겨 운영하는 것이다.

그들은 기본적인 은퇴 방식을 거부함으로써 선택권을 쥐게 되었고, 10년 후 재정 상태도 근본적으로 달라질 것이다. 다만 그들이 밟고 있는 생애 단계를 고려하면 단순히 복리에 의존하는 것만으로는 문제를 해결할 수 없을 것이다. 무엇을 하든 노력이 필요하고 위험이 따르기 마련이다.

투자를 서두르지 마라

26세의 아프신은 대도시에서 소셜미디어 매니저로 일하며 연봉 2만 8,000달러를 받고 있다. 그녀는 친구와 함께 아파트에 세 들어 살고 있다. 수입의 상당 부분이 집세로 나가고 있어 저축을 못하고 있다.

몇몇 친구는 여전히 부모와 함께 살면서 집을 사기 위해 열심히 저축하고 있지만, 아프신은 도무지 본가로 들어가 살 수 없다. 그녀는 도심에서 사는 것을 좋아하며, 가족이 있는 교외로 돌아가면 현재의 생활방식을 포기해야 한다. 게다가 5년 후에 어디에서 살지도 알 수 없다. 누군가를 만나 함께 살고 있을 수도 있고, 완전히 다른 지역으로 이주해 일할 수도 있다.

아프신이 다니는 회사는 관대한 기업 연금 제도를 도입하고 있다. 직원이 급여의 5퍼센트를 연금에 납부하면 고용주가 추가로 5퍼센트를 보태주므로 직원에게 꽤나 유리한 구조다. 다만 매달 은행 계좌에 급여가 찍히기도 전에 연금이 빠져나가는 탓에 그녀는 이 제도의 이점을 거의 인식하지 못한다. 그러나 이 제도는 아프신의 '유지' 버킷을 불리는 데 큰 도움이 될 것이다. 인플레이션보다 평균 5퍼센트 이상의 수익률을 거둔다면 65세 즈음이면 35만 5,000달러를 모으게 될 텐데, 그중 그녀가 적립한 금액은 5만 5,000달러에 불과하다. 물론 이는 급여 인상을 반영하지 않고 계산한 값이므로, 실제로는 훨씬 나은 결과가 나올 것이다.

이를 고려하면 아프신은 처음 예상했던 수준보다 훨씬 낙관적인 재정 상태를 유지할 수 있을 것이다. 비록 지금은 저축을 전혀 하지 못하더라도(의식적으로 지출하면 조금이라도 저축할 수 있을 테지만) 전반적으로 생활수준을 높이는 데서 비롯되는 인플레이션을 자제하고 미래의 급여 인상분 중 일부를 투자하기만 한다면 문제없이 지낼 수 있다. 원한다면 '유지' 버킷이 알아서 관리되고 있으므로 '개선' 버킷에서는 좀 더 위험한 투자에 집중해도 될 것이다.

하지만 나는 아프신에게 투자에 너무 신경 쓰기보다 미래에 높은 급여를 받는 데 집중하라고 조언하고 싶다. 아프신이 40세가 될 즈음이면 억대 연봉을 받는 마케팅 디렉터로 승진하거나 프리랜서 마케팅 컨설턴트가 되어 시간과 돈의 연결고리를 끊어내고 더 많은 수입을 벌어들일 수도 있다. 그녀는 어느 쪽을 택하든 2장에서 소개한 몇 가지 아이디어를 활용해 목표를 실현할 수 있을 것이다.

믹이나 샘과 달리 아프신에게는 시간이 충분하다. (관대한 고용주의 도움을 받아) 수익이 대단하지 않아도 그녀의 '유지' 버킷은 잘 채워질 것이다. '보호' 버킷에 주택을 집어넣는 것이 현재로서는 적절하지 않다는 것을 그녀도 잘 알고 있다. 그녀가 이를 바탕으로 자신의 직업과 경력에 전략적으로 접근하고 체계적으로 관리한다면 머지않아 빠르게 성장해 친구들을 앞지르기 시작할 것이다. 결과적으로 현재의 삶을 최대한 누리는 동시에 자동으로 수익성 높은 미래를 준비할 수 있게 된다.

자유를 얻기 위한 위험 감수

아마라는 최근 법대를 졸업했지만 앞으로 법정에 설 일은 없을 것이다. 그녀는 우수한 학업 성적을 인정받고 까다로운 면접을 거친 후 대형 투자은행의 애널리스트가 되었다. 초봉이 4만 달러인데, 이는 시작에 불과하다. 30세 무렵에는 기본 연봉으로만 15만 달러를 받게 될 것이고, 실적이 좋은 해에는 보너스로 그 두 배를 벌 수 있다.

아마라는 투자은행 직원들이 꿈꾸는 두 가지 미래를 모두 목격했다. 그녀는 50대 선배들이 막대한 돈을 벌면서도 여전히 주 60시간 일해야 하는 직업에 전적으로 의존하는 모습을 발견했다. 큰 저택과 해안가 별장을 장만하고 자녀를 비싼 사립학교에 보내면서 생활수준이 고연봉에 걸맞게 높아진 탓이다. 한편 몇 년 터울의 선배와 친구들은 비교적 현명해 보이는 다른 접근법을 취했다. 그들은 큰돈을 벌며 5년 동안 검소하게 살다가 막대한 금액을 저축했을 때 직장을 그만두고 더 즐거운 일을 찾아 나서기로 마음먹었다(어떤 일이든 투자은행 업무보다 즐거울 것이다).

아마라는 두 번째 길을 선택한 이들을 존중하지만, 그 길은 그녀에게 맞지 않는다. 그녀는 열심히 일한 만큼 잘 놀고 높은 수입에 걸맞은 생활을 하며 20대를 보내고 싶다. 돈을 아끼기 위해 밤 10시에 퇴근한 후 교외에 있는 본가로 돌아가느라 한 시간을 길에서 보내는 삶은 원치 않는다.

그래서 아마라는 '개선' 버킷을 일찍 채우는 조금 특이한 세 번째 길을 선택했다. 첫째, '보호' 버킷에 방 두 개짜리 아파트를 살 돈을 모으고, 친한 친구에게 남는 방을 임대해 주택담보대출 비용을 일부 충당한다. 그렇다고 해서 그녀가 불편을 감수하며 자신의 생활방식을 타협한 것은 아니다. 어차피 그녀는 친구와 사는 길을 택했을 것이고, 대부분의 시간을 직장에서 보냈을 것이다.

그다음 아마라는 '유지' 버킷을 건너뛰기로 한다. 아직 시간이 많이 있으니 30세가 될 때까지 '유지' 자산에 투자하지 않아도 별 차이가 없다는 사실을 깨달았기 때문이다. 그녀의 직업을 고려하면 주식시장이 '개선' 버킷에 어울리는 자연스러운 선택지로 보이지만, 그녀는 부동산에 더 끌린다. 부동산으로 소규모 포트폴리오를 구축한 가족이 있어서 아마라도 그 덕분에 부동산에 대한 지식을 쌓았다.

그녀는 30세 무렵에 부동산 일곱 채를 장만해 매달 2,800달러(한화로 약 380만 원)의 임대 수익을 올리려고 한다. 그리 대단한 액수는 아니지만, 생활비를 아껴온 그녀에게는 자유를 얻기에 충분한 금액이다. 적정 금액의 비상금과 더불어 정기적인 소득은 몇 년 동안 전 세계를 여행할 때 드는 비용을 충당할 수 있고, 직장을 그만두고 재교육을 받거나 가정을 꾸릴 때도 든든한 버팀목이 되어준다. 보수는 적지만 더 보람 있는 직업을 택할 수도 있게 된다.

이는 아마라가 아직 젊기 때문에 선택할 수 있는 방법이며, 그로 인한 수익은 수십 년 후에나 받을 수 있는 연금보다 훨씬 가치가 있다. 매우 검소하게 사는 동료들만큼 빨리 쳇바퀴 경쟁에서 벗어나지는 못하겠지만, 대도시의 삶과 젊음을 최대한 누릴 수는 있을 것이다. 설령 계획대로 되지 않고 투자에 거듭 실패하더라도, 여전히 손실을 감당할 만한 수준으로 제한할 수 있으며 다른 사람들이 재테크에 첫걸음을 떼기도 전에 그녀는 다시 투자를 시작할 수도 있을 것이다.

무일푼에서 20년 후 조기 은퇴까지

30세의 에이든은 절망에 빠졌다. 현재 하고 있는 일이 너무나 따분해서 영혼이 잠식되는 것만 같았다.

그는 변덕스러운 집주인에게 내쫓길 걱정 없이 여자친구와 함께 집을 사서 가정을 꾸리려 했다. 일반적인 은퇴 연령이 될 때까지 계속 일하고 싶지도 않았다. 에이든의 아버지는 노후를 즐기기도 전에 일찍 돌아가셨다. 그 영향으로 에이든은 50세에 직장을 그만둘 수 있기를 간절히 바랐다. 따분하게 스프레드시트를 만지작거리기보다는 정말 좋아하는 일을 하며 시간을 보내는 삶을 꿈꾸었다.

그동안 에이든은 방황했다. 학교에서 한 번도 뛰어난 성적을 거둔 적은 없지만, 똑똑하고 배우는 것을 좋아한다. 다만 현재 맡은 직무 외에 가치 있는 기술을 개발하려는 노력을 기울이진 않았다. 이제 서른 번째 생일을 맞은 그는 자신을 변화시킬 준비가 되었다.

에이든은 좀 더 진지하게 일을 대했다. 자격증을 따기 위해 공부하고, 기술을 개발하고, 전략적으로 직장을 옮기고, 좀 더 성취감을 느낄 수 있는 직책을 맡아 훨씬 많은 연봉을 받을 수 있도록 노력할 것이다. 그렇지만 오래 기다리고 싶지는 않았다. 내 집 마련을 위한 돈을 다 모았을 때 15년간의 복리효과를 더하더라도 그가 목표하는 50세에 은퇴할 수 있는 금액에는 미치지 못할 것이다.

그래서 에이든은 집에서나 회사에서나 종일 책상에 앉아 있다는 점을 이용했다. 실제로 그가 하루에 약 세 시간만 일한다는 사실을 회사에서는 알아차리지 못했다. 그는 다양한 온라인 비즈니스 모델을 공부하기 시작했고, 6개월 후 가정용 피트니스 장비를 판매하는 온라인 상점을 차리기로 했다. 다른 국가에서 제품을 조달하고, 재고를 보유하거나 대규모 선행 투자를 할 필요 없이 도매점에서 고객에게 직접 배송하도록 설계했다. 그는 일찍 일어나 출근 전 몇 시간 동안 부업에 집중하고, 근무 시간에도 꽤 많은 시간을 할애해 온라인 상점을 관리했다.

온라인 상점은 1년 동안 전혀 수익을 내지 못했다. 하지만 뭔가 배우거나 사업 운영에 들어가는 비용은 매달 약 100달러에 불과했다. 2년 차에는 1만 달러의 수익을 올렸다. 3년 차에는 연봉보다 더 많은 돈을 벌었다. 수입이 넉넉해졌으니 여자친구와 저축을 합쳐 집을 장만할 수 있게 되었다.

그는 4년 차에 직장을 그만두었다. 이제 여유 시간이 생기면서 사업에 더 많은 시간을 투자해 수입을 늘릴 수 있을 뿐만 아니라 갓 태어난 딸을 돌보는 데 많은 시간을 보낼 수 있다. 에이든은 언젠가 사업체를 매각하거나 전담팀을 꾸려 일을 맡길 생각이다. 그러면 50세가 되기 훨씬 전에 여유롭게 자신의 시간을 완전히 통제할 수 있는 위치에 올라설 것이다.

체계적이지 못한 백만장자

40대 초반인 켄은 학교를 졸업한 후 친구와 함께 통신 회사를 차렸다. 그는 사업 매각을 고려해본 적도 있지만, 아직 일이 즐거운 지금 상황에서는 그럴 필요가 없어 보인다. 고객을 만나러 출장을 떠나는 것도 좋고, 젊은 직원들이 능력을 계발하도록 도와줄 때 보람도 느낀다.

회사는 10년도 더 된 단골 고객을 확보했고, 장기 계약을 맺어 꾸준히 높은 수익을 올리고 있다. 현금을 많이 보유해야 하는 사업은 아니라서 켄은 공동 창업자와 수익을 나눠 갖는다. 그 결과 켄은 생활비를 충당하고도 남을 만큼 많은 돈을 벌었다. 아이들을 비싼 사립학교에 보내고, 자주 외국으로 휴가를 떠나고, 최신형 스마트폰에 예산 관리 앱 하나 설치하지 않았지만 현금이 부족해 어려움을 겪은 적은 없었다.

켄은 소득 문제를 해결했지만 투자는 엉망진창이다. 친구들의 조언을 듣고 주식에 손을 대고, 지인들이 설립한 회사에 몇 번 소액을 투자했으며, 수년 동안 투자용 부동산을 소유해왔다.

켄의 '보호' 버킷은 가득 차 있다(그는 집도 있고 현금도 충분하다). 하지만 '유지' 버킷은 텅 비어 있다. 설상가상으로 그는 흘러넘치는 '개선' 버킷의 자산에 필요한 시간과 관심을 쏟지도 않았다.

만약 그가 '개선' 버킷의 수익률을 계산해본다면, 가장 기본적인 방식으로 분산투자된 자산의 수익률보다도 못하다는 것을 알게 될 것이다. 심지어 전반적으로 손실을 보고 있지만, 정작 본인은 그 사실을 모르고 있다.

켄이 필요한 금액보다 훨씬 많은 돈을 계속 벌어들이는 한, 돈 관리를 제대로 하지 않아도 별문제가 없을 것이다. 다만 옆에서 지켜보는 나 같은 사람은 체계적이지 못한 재정 관리와 낭비되는 잠재력이 안타까울 뿐이다. 실제로 그는 사업을 매각해 자신과 가족이 평생 쓰고도 남을 만큼 거액을 챙길 수도 있다. 하지만 더 체계적으로 접근하지 않으면 도박에 가까운 '투자'로 대부분의 돈을 날려버릴 위험이 있다.

켄에게 해줄 수 있는 조언은 당분간 개선형 투자를 하지 말고 '유지' 버킷을 정비하라는 것이다. 여기에는 주식에 대한 지식이 전혀 필요하지 않다. 물론 켄은 언제든지 유능한 자산관리사를 고용해 일관되고 합리적인 투자를 맡길 수 있다. 시작은 늦었지만 그 격차를 메울 만큼 충분한 수입을 벌어들이고 있다. 그는 더 유동적인 '개선' 투자 자산 중 일부를 매각해 더 빨리 자금을 조달하는 방법을 선택할 수도 있다. 그러고 나서 특정한 개선형 투자에 관심이 생긴다면 지금까지 소홀히 했던 조사와 공부를 마친 후 넘치는 현금으로 해당 자산을 사들이면 된다.

반대로 전혀 관심이 없다면 어떨까? 그렇더라도 문제없다. 어쨌든 그의 사업 자체가 개선형 투자인 셈이기 때문이다. 다른 투자에 쏟는 시간을 줄이는 대신 사업에 더 집중하고 경쟁사를 인수하거나 새로운 서비스를 추가해 사업 가치를 높일 기회로 삼을 수도 있다.

돈에 관한 진실을 다루는 법

오늘날 경제적으로 앞서 나가는 것은 이전 세대보다 더 어려운 일이 되었다. 다른 사람의 포트폴리오를 그대로 따라 하는 식의 단순한 투자 접근법은 심각한 자금 부족 상태를 초래할 수 있다. 모든 노고의 결실을 누리는 황금기로 여겨지던 은퇴 생활은 역사적으로 이례적인 현상이었으며 점차 사라지고 있다. 상황이 정말 암울해 보인다.

하지만 실제로는 전혀 그렇지 않다. 나는 이런 오해를 밝혀내고 대안을 세운 이후로 돈과 경력, 전반적인 삶에 대해 더없이 긍정적으로 생각하게 되었다.

그 근거를 아마도 다음과 같이 요약할 수 있을 것이다. 설령 '옛날 방식'이 여전히 유효하다 해도 그것은 타인을 믿고 의지하는 방식을 전제로 한다. 다시 말해 금융시장이 붕괴하지 않고, 회사가 나를 계속 고용하고, 정부 정책의 변화가 내 계획을 망치지 않아야 한다. 그래야 모든 것이 훌륭하게 돌아간다. 방대한 연구 결과에 따르면, 타인에게 의존할 때 느끼는 감정은 정신적·신체적 건강에 해로운 영향을 미친다.

지금까지 내가 제시한 접근법은 불투명한 정치인들과 금융시장이 지닌 힘을 다시 당신의 손에 확실히 쥐어준다. 당신은 가장 강력한 지렛대를 최대한 활용하고 주도권을 휘두르며 자신의 소득을 통제할 수 있다. 현명하게 저축하고, 오늘을 온전히 즐기면서도 신중하게 미래를 계획할 수 있다. 중요하지 않은 작업을 자동화하고, 노력과 기술이 큰 차이를 만들어낼 몇 가지 영역에 모든 역량을 쏟아부으며 지능적으로 투자할 수 있다. 그리고 재미있고 유연하고 수익성 있는 일을 점진적으로 구축해 은퇴하고 싶지 않을 만큼 만족스러운 일상을 이어갈 수 있다.

그런데 이 과정이 쉽게 이루어질까? 당연히 아니다. 가치 있는 일은 결코 쉽게 이루어지지 않는다. 다행히 그 과정을 반드시 끝내야만 혜택을 누릴 수 있는 건 아니다. 사실 첫걸음을 내딛는 순간부터 이미 기분이 좋아질 것이다. 이유는 간단하다. 돈은 결과물이다. 당신이 더한 모든 가치와 그동안 채택한 습관과 의사결정의 결과물이 바로 돈이다. 이는 전반적으로 자신을 더 나은 방향으로 발전시키지 않고서는 재정 상태를 개선할 수 없다는 뜻이다. 은행 잔고를 늘리기 위해 취한 행동은 삶의 다른 영역에도 영향을 미쳐 인간관계와 정신 상태, 심지어 신체 건강까지 개선할 것이다.

이는 단지 돈에 관한 몇 가지 오해를 풀기 위해 이 책이 내세우는 거창한 주장처럼 들릴지도 모른다. 하지만 그런 일이 나와 다른 사람들에게 실제로 일어나는 것을 목격했기 때문에 나는 이것이 사실임을 알고 있다.

돈은 두려워하거나 불안해하거나 죄책감을 느낄 대상이 아니다. 돈은 우리가 최고의 삶을 살고, 우리가 아끼는 사람들도 그렇게 살 수 있도록 도와주는 도구다. 돈은 우리 삶의 모든 부분에 영향을 미치기에, 진전을 이루면 은행 계좌 잔고를 넘어 훨씬 풍요로운 삶을 살 수 있게 해준다. 그리고 이제 당신은 근거 없는 믿음을 버리고 앞에 놓인 현실을 이해했으니 당장 그 여정을 시작할 수 있다.

재정적 자유를 향한 마스터플랜
: 8단계 실행 전략

1. 지출의 덫에서 벗어나라
평범한 절약 조언은 잊고, 의식적인 지출을 생활화하라.

2. 재정적 안전망을 먼저 구축하라
인생의 폭풍우가 몰아쳐도 버틸 수 있는 비상금을 마련하라.

3. 내 집 마련의 신화에서 깨어나라
집을 소유하는 것이 아니라 자산을 소유하는 것이 중요하다.

4. 당신만의 재정 지도를 그려라
세 버킷 보호-유지-개선의 현재 비율을 정직하게 평가하고,
자신에게 맞는 배분을 계획하라.

5. 분산투자의 힘을 제대로 활용하라
단순히 여러 주식을 보유하는 것은 분산투자가 아니다.
금, 부동산, 채권이 적절히 섞인 포트폴리오로
시장 충격에 대비하라.

6. 복리의 기적을 자동화하라
감정이 아닌 시스템으로 자산을 관리하라.
부자들은 게으름도 전략적으로 활용한다.

7. 소득의 천장을 깨부숴라
재정적 자유는 더 많이 절약하는 것이 아니라
더 많이 벌어들이는 것에서 나온다.

8. 대담한 '개선' 투자로 게임에서 승리하라
안전망을 갖췄다면 이제 인생을 바꿀 수 있는 투자에 집중하라.
자신이 진정으로 이해하는 분야에서 리스크를 감수하라.

"재정적 자유는 시장이나
타인의 결정에 의존하는 것이 아닌,
소득과 투자에 대한
자기 통제력을 확보하는 것에서 비롯된다."

주

프롤로그 새로운 게임, 새로운 규칙

1. https://www.theguardian.com/society/2023/apr/30/british-workers-work-into-70s-cost-of-living
2. https://www.nbcmiami.com/news/local/working-to-live-past-75-why-our-elders-are-still-working-and-not-retiring/3315404/
3. https://ec.europa.eu/eurostat/statistics-explained/index.php?title=Ageing_Europe_-_statistics_on_working_and_moving_into_retirement
4. https://www.imf.org/en/Blogs/Articles/2021/12/15/blog-global-debt-reaches-a-record-226-trillion
5. https://fred.stlouisfed.org/series/GFDEGDQ188S
6. https://www.imf.org/en/Blogs/Articles/2021/12/15/blog-global-debt-reaches-a-record-226-trillion

1장 | 저축 왜 열심히 모아도 점점 더 가난해지는가

1. https://www.longtermtrends.net/real-interest-rate/
2. https://www.bankofengland.co.uk/explainers/ will-inflation-in-the-uk-keep-rising; https://www.euronews.com/ business/2024/03/05/inflation-in-europe-which-countries-have-the-highest-and-lowest-inflation-rates
3. https://www.whitehouse.gov/cea/ written-materials/2024/07/11/inflation-cools-in-2024q2/

265

4. https://fred.stlouisfed.org/series/GFDEBTN
5. https://fiscaldata.treasury.gov/datasets/ average-interest-rates-treasury-securities/average-interest-rates-on-u-s-treasury-securities
6. https://fiscaldata.treasury.gov/ americas-finance-guide/national-debt/
7. https://fred.stlouisfed.org/series/GFDEBTN
8. https:// www.crfb.org/blogs/ interest-rates-surge-near-record-highs
9. https://www.theguardian.com/business/2022/feb/04/bank-of-england-boss-calls-for-wage-restraint-to-help-control-inflation
10. https://www.ons.gov.uk/peoplepopulationandcommunity/personalandhouseholdfinances/expenditure/bulletins/familyspendingintheuk/april2022tomarch2023
11. https://www.bls.gov/news.release/cesan.nr0.htm

2장 | 조기 은퇴 40대에 은퇴하겠다는 위험한 착각

1. http://news.bbc.co.uk/1/hi/wales/south_east/7311542.stm
2. https://www.thenorthernecho.co.uk/news/6972649.millionaires-next-door/
3. https://www.lottery24.com/news/ lottery-millionaire-back-to-work
4. https://www.theguardian.com/money/2005/mar/07/ careers.theguardian4
5. https://sexhealthmoneydeath.com/2016/02/03/ fantasy-job/
6. https://www.sciencedaily.com/releases/2019/10/191029131506.htm
7. https://www.economist.com/business/2024/01/25/ why-you-should-never-retire
8. https://www.bankrate.com/ personal-finance/smart-money/financial-milestones-survey-july-2018/
9. https://eh.net/encyclopedia/ economic-history-of-retirement-in-the-united-states/
10. https://www.ssa.gov/oact/TR/2011/lr5a4.html
11. https://www.ons.gov.uk/peoplepopulationandcommunity/birthsdeathsandmarriages/lifeexpectancies/articles/mortalityinenglandandwales/pastandprojected trendsinaveragelifespan

12. https://www.ssa.gov/history/ratios.html#:~:text=Year
13. https://www.dailymail.co.uk/femail/ article-13833971/ms-rachel-miscarriage-song-son.html
14. https://www.youtube.com/watch?v=6xJrJ4-p5Og
15. https://www.sciencedirect.com/science/article/abs/pii/S0001879108000973
16. https://www.forbes.com/sites/louiscolumbus/2020/11/14/ which-tech-certifications-and-expertise-pay-the-most-this-year/
17. https://www.pmi.org/learning/library/ 2020-salary-survey-11883
18. https://www.journals.uchicago. edu/doi/abs/10.1086/430282?journalCode=jole
19. https://www.talentsmarteq.com/ increasing-your-salary-with-emotional-intelligence/
20. https://www.bls.gov/oes/2020/may/oes273023.htm
21. https://www.bls.gov/ooh/ media-and-communication/public-relations-specialists.htm
22. https://money.yahoo.com/ job-switchers-are-the-big-winners-202624616.html?guccounter=1
23. https://www.amazon.co.uk/ Steve-Jobs-Exclusive-Walter-Isaacson/dp/034914043X
24. https://growthinreverse.com/ rachel-karten/
25. https://www.benlcollins.com/about/

3장 | 손실 최소화 '원금 보장'이 안전하다고?

1. https://pitchbook.com/profiles/ limited-partner/170837-92#overview
2. https://onlinelibrary.wiley.com/doi/abs/10.1111/j. 1540-6261.1952.tb01525.x
3. https://papers.ssrn.com/sol3/papers.cfm?abstract_id=925138
4. https://papers.ssrn.com/sol3/papers.cfm?abstract_id= 925138
5. Historic returns calculated from historical data usingportfoliovisualizer.com.

6. Historic returns calculated from historical data using portfoliovisualizer.com
7. https://www.goodreads.com/quotes/8220513-a-wealthy-man-is-one-who-earns-100-a-year
8. https://journals.sagepub.com/doi/10.1177/001872675400700202
9. https://ink.library.smu.edu.sg/soss_research/3244/
10. https://arxiv.org/abs/1401.1458
11. https://www.jstor.org/stable/2937956

4장 | 내 집 마련 부동산이 답일까? 내 집 마련이라는 환상

1. https://noahkagan.com/ investment-thesis/
2. https://www.youtube.com/watch?v= liRUa-Q5hF8&t=595s
3. https://www.gov.uk/government/statistics/ chapters-for-english-housing-survey-2022-to-2023-headline-report/chapter-3-housing-history-and-future-housing
4. https://www.economist.com/ united-states/2023/11/30/ is-it-cheaper-to-rent-or-buy-property
5. https://www.nimblefins.co.uk/ savings-accounts/average-household-savings-uk#home
6. https://www.federalreserve.gov/publications/ files/scf20.pdf
7. https://www.longtermtrends.net/ home-price-vs-inflation/
8. https://fred.stlouisfed.org/series/MSPUS
9. https://www.nationwidehousepriceindex.co.uk/resources/f/ uk-data-series
10. https://fred.stlouisfed.org/series/FEDFUNDS
11. https://www.bankofengland.co.uk/boeapps/database/ Bank-Rate.asp
12. https://www.nationwidehousepriceindex.co.uk/resources/f/uk-data-series
13. https://blogs.lse.ac.uk/usappblog/ 2020/03/09/ over-150-years-of-data-show-that-trends-in-uk-and-us-house-prices-have-little-in-common/

5장 | 복리 복리는 부자만을 위한 게임이다

1. https://www.nutmeg.com/nutmegonomics/the-extraordinary-power-of-compound-returns
2. https://www.lcp.com/media/1150069/the-ski-slope-of-doom-is-this-the-most-worrying-chart-in-pensions.pdf
3. https://www.pensionsage.com/pa/Direction-of-pensions-a-slow-motion-car-crash-Webb.php
4. https://www.retirementlivingstandards.org.uk/details
5. https://www.nutsaboutmoney.com/pensions/retirement-income-calculator?pension-pot=650000#moderate
6. https://awealthofcommonsense.com/2022/01/how-often-should-you-expect-a-stock-market-correction/
7. https://www.cnbc.com/2024/05/03/most-of-warren-buffetts-wealth-came-after-age-65-heres-why.html
8. https://www.forbes.com/sites/andrewrosen/2024/03/21/investment-advice-from-investing-legend-charlie-munger/
9. https://www.fool.co.uk/2016/10/31/the-best-investors-are-dead/

6장 | 분산투자 '평범함'만 보장하는 투자 전략

1. https://www.vanguardinvestor.co.uk/investments/vanguard-lifestrategy-100-equity-fund-accumulation-shares/price-performance
2. https://www.vanguardinvestor.co.uk/investments/vanguard-lifestrategy-60-equity-fund-accumulation-shares/price-performance
3. https://uk.finance.yahoo.com/quote/SPY/history/period1=1640995200&period2=1672444800
4. https://uk.finance.yahoo.com/quote/%5EFTSE/
5. https://www.reuters.com/business/global-debt-hits-new-record-high-313-trillion-iif-2024-02-21/
6. https://money.cnn.com/retirement/guide/investing_bonds.moneymag/index3.htm

7. https://www.morningstar.co.uk/uk/news/244975/ why-have-bonds-been-so-volatile.aspx
8. https://www.marketwatch.com/story/ 2022-was-the-biggest-outlier-year-in-markets-history-as-stocks-and-bonds-both-plunged-deutsche-bank-says-11672859958
9. https://www.morningstar.co.uk/uk/news/244975/ why-have-bonds-been-so-volatile.aspx
10. Historic returns calculated from historical data using portfoliovisualizer.com.
11. https://www.longtermtrends.net/ real-estate-gold-ratio/
12. https://www.forbes.com/advisor/investing/ gold-inflation-hedge/
13. https://bold.report/
14. https://www.gov.uk/government/publications/ a-fairer-private-rented-sector/a-fairer-private-rented-sector
15. https://www.bankrate.com/mortgages/investmentproperty-statistics/
16. Historic returns calculated from historical data using portfoliovisualizer.com

7장 | 위험한 투자 위험하지 않은 건 기회가 아니다

1. https://trends.google.com/trends/explore? date=today% 205-y&q= manifesting&hl= en-GB
2. https://www.amazon.co.uk/ Aspirational-Investor-Taming-Markets-Achieve/dp/0062235095
3. https://journals.sagepub.com/doi/abs/10.1177/0042098019872691?journalCode=usja
4. https://www.in2013dollars.com/uk/inflation/2003?amount=100
5. https://uk.finance.yahoo.com/quote/SQ/
6. https://uk.finance.yahoo.com/quote/0O8X.IL/
7. https://money.cnn.com/2012/08/20/technology/ facebook-peter-thiel/index.html

옮긴이 송이루

호주 맥쿼리대학교 금융경제학과를 졸업하고 연세대학교 대학원에서 경제학 석사 학위를 받았다. 외국계 은행과 증권사에서 글로벌펀드 컴플라이언스와 리서치 업무를 담당했다. 바른번역 글밥아카데미를 수료한 후 번역가와 리뷰어로 활동하고 있다. 옮긴 책으로는 《보이지 않는 것을 보는 법》, 《어떻게 일을 사랑할 것인가》, 《메타버스 모든 것의 혁명》, 《변화하는 세계질서(공역)》, 《부자의 패턴》, 《레이 달리오의 금융 위기 템플릿(공역)》이 있다.

돈에 관한 7가지 착각
지금까지의 공식 따윈 버리고, 새로운 부의 전략을 세워라!

초판 1쇄	2025년 8월 28일
지은이	롭 딕스
옮긴이	송이루
발행인	문태진
본부장	서금선
책임편집	송현경　　편집 1팀　한성수 이예림　　일러스트　홍세진
기획편집팀	임은선 임선아 허문선 최지인 이준환 송은하 김광연 이은지 김수현 원지연
마케팅팀	김동준 이재성 박병국 문무현 김은지 이지현 전지혜 조용환 천윤정
저작권팀	정선주
디자인팀	김현철 이아름
경영지원팀	노강희 윤현성 정현준 조샘 이지연 조희연 김기현
강연팀	장진항 조은빛 신유리 김수연 송해인
펴낸곳	㈜인플루엔셜
출판신고	2012년 5월 18일 제300-2012-1043호
주소	(06619) 서울특별시 서초구 서초대로 398 BnK디지털타워 11층
전화	02)720-1034(기획편집)　02)720-1024(마케팅)　02)720-1042(강연섭외)
팩스	02)720-1043
전자우편	books@influential.co.kr
홈페이지	www.influential.co.kr

한국어판 출판권 ⓒ ㈜인플루엔셜, 2025

ISBN 979-11-6834-305-4 (03320)

- 이 책은 저작권법에 따라 보호받는 저작물이므로 무단 전재와 무단 복제를 금하며, 이 책 내용의 전부 또는 일부를 이용하려면 반드시 저작권자와 ㈜인플루엔셜의 서면 동의를 받아야 합니다.
- 잘못된 책은 구입처에서 바꿔 드립니다.
- 책값은 뒤표지에 있습니다.
- ㈜인플루엔셜은 세상에 영향력 있는 지혜를 전달하고자 합니다. 참신한 아이디어와 원고가 있으신 분은 연락처와 함께 letter@influential.co.kr로 보내주세요. 지혜를 더하는 일에 함께하겠습니다.